法と裁判をささえる精神

法と裁判をささえる精神

鵜飼信成著

岩波書店

目　次

I

法と裁判をささえる精神

近代法をささえていたのは、周知のように自由と平等の精神であり、それは当然のことであるが不自由と不平等の精神に対する反逆であった。近代以前の自由も平等もない社会を、今日のわれわれが想像することは容易ではない。中世の、自由も平等もない身分制社会は、劇や絵画や物語や詩を通してある程度想像することはできるが、実感としてそこでの生活がどんなものであったかをほんとうに知ることは難かしい。

戦争中私は二年の兵隊生活を送って、下級兵士の生活をある程度経験したが、それでもそこでの生活が、封建時代の農奴のそれと同じであったとはとても思えない。その時代のほんとうに自由も平等もない極限の生活というものが、もしひとたびそこにおし込まれると、そこからの脱出を求めて、体制への反逆を試みざるを得ないようになる程のものであったことは、歴史の示すところである。もっとも、この解放というものも最初は「夢みること」から始まっている。「この世の現実は、絶望的なまでに悲惨であり、現世放棄の道はけわしい。せめては、みかけの美しさで生活をいろどろう、明るい空想の夢の国に遊ぼう、理想の魅力によって現実を中和しよう」(ホイジンガー、堀越孝一訳『中世の秋』(上)中公文庫、七〇頁)というのが中世的なロマンにあふれる世界観の第一歩であるが、しかしこのような夢だけではこれらの人々の悩みは解決しなかった。

一八世紀の終りのアメリカやフランスの政治革命が、自由と平等の宣言で始まり、自由と平等の精神を基礎とする制度が生れるようになったのは、そのためである。法律制度の中では、これは次のような形で実現された。

平等の精神を基礎とする制度の根幹は、法律による裁判と法律による行政である。この二つは構造的に全く同じとはいえない。そうしてその違いは、行政が裁判とは違う目的をもっているところにあるが、それを論ずることは後まわしにして、まず法律による裁判を検討してみよう。近代以前の裁判は、個別的な裁判だった。権力者が個々の違反者の情状を調べて、最も妥当だと思う刑を科した。違反という以上は、そこに何々をしてはならないという規範があったことは間違いないが、その規範は社会的に行われているさまざまの規範を綜合したもので、宗教的規範であったり、道徳的規範であったり、習俗的規範であったり、それらのそれぞれが明白に区別されたものではなかった。「人を殺してはならない」とか、「他人の物をむさぼってはならない」という形で社会的に行われ、国家権力の保持者が、その判断でこれを強行した。もちろんこれは物語に残る数々の名裁判を生んだが、違反行為に対する刑罰は限定されていなかったから、情状により火責め水責め油茹ではもちろん、獅子の檻に入れ磔刑に処し八裂きにするなど、ほとんど支配者の恣意のままという残虐な刑罰も生んだ。もっとも紀元前一六〇〇年代のハンムラビ法典などは、罪刑ともにかなり個別的に規定しているが、平等の精神はあまりみられない。例えば礼拝堂の財産を盗むと、その価の三〇倍、他の市民のものを盗むと一〇倍を払わなければならないが、支払うことができないと死刑というのも極端だし、自ら流産を行った女は串刺しの刑というのなどは残虐である。

近代法の確立した罪刑法定主義は、違法とされる行為の構成要件を一般的な形で明白に定め、この一般的な規範に触れるものは、身分の上下、職業の貴賤を問わず平等に、法の定める刑に処せられるという精神に基づいている。このことは重罪を犯した特定の個人に対する個別的権利剝奪の立法を禁ずるという憲法上の原則――アメリカ憲法一条九節三項にある Bill of Attainder の禁止――からもうかがわれる。そうしてこれは法的安定(Rechtssicherheit)という近代法の基本的特質を生み出したのである。

ところがこの原則に対して現代社会においては、いくつかの疑問が生れて来た。第一は、こういう一般的普遍的な形で定められた法規は、厳正な形式論理の三段論法における大前提として、何人にも明確な形でその意味が解釈されるべきものでなければならないのに、現実にはそれは千差万別とまではいかないでも、甲論乙駁、いくつかの全く反する解釈論を生むということである。具体的事例はいくつでも挙げることが出来るが、ことに戦後新憲法の下で出来た裁判所法では、裁判書に最高裁判所の各裁判官はその意見を表示しなければならないことになっている（一一条）から、裁判官相互の間で出来るだけ解釈を整合するよう論議するとしても、否、それだから益々、多数説少数説という形で、意見が真二つに分れることが少なくないのである。このことについては川島武宜、来栖三郎などの諸教授が、しばしば問題提起をしているとおりである。と同時に、この法の適用される事実関係の認識と解釈にも問題があることは、最近とくにわれわれの周辺で起っている再審請求事件からもよく解る。

事実誤認の問題は、近代法発展の過程では、主として科学的犯罪捜査の確立という形で処理されて来た。科学技術の発達が、この方法の重要な支えとなっていることは疑いをいれない。それは自白尊重主義をとっていた古い観念を排除し、拷問の可能性を切り捨てるという戦後日本国憲法の明示した原則に適合しているのである。

しかし問題は、このような客観的な法規範の解釈も、客観的事実の認識も、実際には論者の主観によって動かされるのではないかという疑問が絶えないところにある。このことは刑事でも民事でも同じである。そうしてこの主観――あるいは見方によっては偏見――というものも、もっとよく考えてみると、実は何らかの客観的法則によって支配されているのではないか、という疑問が涌いて来るのである。

このような主観を支配する客観的法則の性質については、いろいろな見方があるが、その中核となっているのは、一九三〇年代のアメリカで広く学界の注目を浴びたリアリズム法学である。もっとも、ここでリアリズム法学というのも一つの学派として扱われてはいるが、それはただその基本的な出発点が「かの誇るべき『法』の安定性なるものが、およそ神話に外ならない」(F・ローデル、清水英夫・西迪雄訳『禍いなるかな、法律家よ』巻頭のジェローム・フランク判事の序論、xii頁）というだけで、肝心の、この神話の陰にあって、法的過程を真に動かしている科学的法則については、学説が多岐に分れて、しかもそれぞれが、一見、科学的な法則であるようにみえながら、説明の出来ない例外的な事例が多く——あるいは多くとはいわないまでも、少なくとも例外が一つ以上は存在するために、全称命題としては成り立ちがたいような——不完全な科学的法則でしかないところに、その不安定さがある。

ただそれにもかかわらず、こういう法則がもし発見されるならば、それに基づいて判決の予測をすることが可能でなければならない。こういう研究目標と、それを基礎づける法則の発見に努力した学者は、幅広く拾いあげるとすればかなり見出すことができる。アメリカの代表的法学リアリストであるジェローム・フランクが、「ホームズ判事と非ユークリッド的法思考」という古い論文の中で指摘しているように、法的な権利義務は法規範から論理的に引出される、という古い公理の中には誤謬がある。ホームズはその結果、「われわれの研究の目的は、一つの予言をすることと」つまり裁判所が公権力の行使をどのようにするかについての予言をすることだといっている

(O. W. Holmes Jr., "The Path of the Law" in "Collected Legal Papers", p. 167)。

ホームズ自身は、この予言を、どういう法則に基づいて、どの程度まですることができたか必ずしも明らかではないが、しかしこういう問題意識をもっていたことは重要である。ノースウェスタン大学法学部教授のウォルター・ホイーラー・クックは「科学的方法と法」という講演の中で「ちょうど科学者が、与えられた状況の下で、電子や原子が、どんな行動をするかということを知ろうとしているのと同じように、最高裁判所の裁判官が、この特定の依頼人の事件に当面してどういう行動をとるだろうか、ということが、弁護人の知りたいことなのである」といった。

それにはこういう行為を規律している法則と、その規律の範囲で自己の選択をしている人間の判断の条件とを知らなければならない。法則の方はかなり大まかな形では、いろいろのものが提示されている。古いものでは、一九二〇年代に盛んになった行動主義(Behaviorism)の心理学を法律学にとり入れたコロンビア大学法学部教授ハーマン・オリファントの学説がある(Herman Oliphant, A Return to Stare Decisis, 1927, 14 American Bar Association Journal 159)。続いてジェローム・フランクは精神分析学を法の理論に採り入れようとした(Jerome Frank, Law and The Modern Mind, 1930)。

経済的決定論を法の理論にもち込んだ学者は、アメリカにも少なくはないが、ボストン貴族の家系でボストン大学法学部教授であったブルックス・アダムズなどは、その代表例である(Brooks

Adams, The Theory of Social Revolutions, 1913)。しかし判決の予測という課題は、天気予報はともかく、地震の予測よりもっと難しいであろう。ただ平等の保障という要求を、抽象的一般的法規を形式論理によって具体的事件に当てはめるという方法でなく、もっと心理的に偏見を排除し、社会的に公正な結果を追求するという新しい形の法的論理で実現しようとする方法が行われつつあることは注目されていい。

近代法のもう一つの原理である自由も、新しい課題に直面している。近代社会を急速に発展させた経済の自由が、新しい問題に当面して、さまざまの行政的規制に規律されざるを得なくなったことは、現代の行政的過剰という状況が示しているとおりである。そしてこれが正しく処理されるために、古典近代の法制度におけるように、個人の自由な活動が適法の推定を受けるという前提から出発して、それが他人の権利を侵害した場合に、はじめて民事法や刑事法によって被害者が裁判所の事後救済を受けるという制度ではなく、むしろ事前に社会のもろもろの活動を規制する、行政的国家権力の活動範囲と、その規制手続の公正さとを、行政法的に規律することが、今日の法の重要な課題である。

このようにして現代の法の研究は、自然科学のような厳密さはないにしても、多数の社会的現象の経験的集積とその分析結果を通して、法の理念である新しい自由と公平、そしてそれを主要素とする新しい公正を実現するために、一方では法の定立と適用を行う個人を規律している客観的な法則と、他方ではそれにもかかわらず与えられた状況と理想という条件の下で自分で判断し選択していく人間精神との、不思議な交錯過程の解明なのである。

（一九八三年二月）

憲法におけるイデオロギーと科学

カール・マンハイムという学者が『イデオロギーとウトーピー』という有名な本を書いた。そしてイデオロギーもウトーピーも、どちらも現実ではなく、現実を超えた観念であるが、その役割は同じではない、といった。イデオロギーというのは、その観念の働きによって現実を被い隠し包み隠してしまうものであるのに対して、ウトーピー（ユートピアのドイツ読み）というのは、ウは否定であり、トピアは場所あるいは現実をあらわし、したがって現実の外にある現実ではないものという意味だけれども、現実の外にあって現実をその観念の方向に動かしていく。両者は、こういう違った役割をもっているのだという。私も法律とくに憲法は広い意味でイデオロギーの一種だと思うが、しかし、それは、現実を被い隠すものではなく、現実をその理想の方向に導いていくような、ウトーピー的な機能ももっているのではないか。これが、これからお話を申し上げようと思うことの要点である。

法律学がイデオロギー的な性格をもっている、ということを指摘したおそらく日本で最初の論文は、昭和九年（一九三四年）の八月に書かれて、美濃部達吉先生の還暦記念論文集『公法学の諸問題』に掲載された、宮沢俊義先生の「国民代表の概念」という論文である。この論文は、法律学という人間の精神作用を二つに分けて、一つは実践的な解釈学、もう一つは科学的な法の認識作用、という二つに区分し、そして、第一の解釈学については、解釈学というのは法律的な争いで勝つという実践的な目的をもっているから、したがってその概念は闘争的あるいは政治闘争的である、というふうに言う。第二の科学的認識というのは、与えられた既成の現実の法をそのまま正確に認識することが目的であるから、したがってその性質は非政治的あるいは非闘争的である。ところが、従来科学的な概念と自ら主張していた法律学上の概念が現実に一致しないことがある。その場合に、それはイデオロギー的な作用を営んできたのではないか。その適例として国民代表という概念をとりあげ、これを分析して、宮沢論文というものができているのである。

この場合に、宮沢論文では、学者が、国民代表の概念を議会についてだけ言うのではなく、それ以外のもの、たとえば独裁者であるとかフューラーであるとか、そういうものもやはり国民代表であると言っているけれども、これはすべて擬制であり、科学的な概念としては成立しない、というふうに分析をされ、「そうした擬制は民主的進化がさらに発展することを阻止するにきわめてよく役立つ」というケルゼンの言葉を引いて、国民代表の概念がそういうイデオロギー的な機能をもつものであることを、この論文で指摘されたのである。この一九三四年というのは、滝川事件の翌年であって、また同時に、貴族院の議場で天皇機関説が批判され、いわゆる天皇機関説問題というものがおこってきた年であるから、この時にこういう問題を科学の名で受けとめようという姿勢を示したものとして、この論文は大変注目すべきものではなかったかと思う。

その翌年の一九三五年に、宮沢先生は、もう一つ論文を書かれた。「公法・私法の区別に関する論議について——方法的反省の必要——」という論文である。そこでは、公法と私法の論議において必要なこととして、一般に法秩序を構成するもろもろの法規をその論理的性格にもとづいて公法に属するものと私法に属するものに区別することが可能であるかという問題と、特定の実定法秩序においてなんらかの技術的な必要にもとづいて公法に属する法規と私法に属するそれとが区別されているかという問題とを明確に区別して考えるべきことが主張され、前者は理論的あるいは本質的な問題、後者は技術的あるいは制度的な問題と呼ばれた。この論文は、実は当時の学界にあったその他の人々の議論を批評しているので、田中二郎理事長の類型的概念というものは方法的な区別からいうと明確でないと批評されたし、美濃部博士の論文も方法的混淆がみられると言っておられるのだが、佐々木惣一博士については、方法的相違を指摘したものとして傾聴に値すると言っておられる。

私自身は塩野宏教授の指摘するように、田中理事長の考え方に近く、実用性の基礎づけをするものとしてのみ理論的概念は存在するものだと思うが、しかしこの当時の状態では、そう主張するよりも、科学的理論の名でイデオロギーを批判する宮沢論文に存在意味があったのではないかとも思う。もっと露骨にいえば、私は宮沢さんが純粋に科学的な概念が成立たないのを百も承知で、科学的概念があるかのように主張していたのは、実は反対派のイデオロギーを批判するためのかくれみのであったのではないかと思う。

ところで、この時代における右の問題指摘はたいへん重要であると思うが、宮沢先生のこういう方法的区別の問題に関連して特に注目すべきことは、宮沢先生が、こういう解釈論的な問題というものは実は力の関係で決まるものであるということを言っておられる点だと思う。もっとも、力の関係とはどういうものかについてはいろいろ問題があると思うが、私は、今日の制度のもとでは、力の関係というのはおそらく多数決のことだろうと思う。多数決というのは、国民投票の多数決もあるし、議会における多数決もあるし、裁判所における多数決もあって、その形がいろいろ分かれている。また、その際にどちらかの解釈がいかにしてより多数の人々の支持を得るかということについても、いろいろ問題があって、説得の方法もあるし、また自分で選択をする場合でも、あるいは理想に引っぱられる場合もあり、あるいは非常に主観的だが利害の打算によって行われる場合もあり、あるいは歴史的な発展や背景の展望による場合もある。つまり、性質や方法が異なるいろいろな条件によって、結論が選ばれてくるわけである。しかし、全部の人々が賛成し、満場一致となるのは非常にむずかしい。特に民主主義のもとでは、いわゆる百家争鳴、違った考え方がたくさんでてくるということにならざるをえない。たとえば憲法第九条の解釈などは、学説も判例も大変分かれており、そもそもこの条文を作る時の第九〇帝国議会憲法改正案特別委員会委員長の芦田均氏は、第九条はそういうふうに解釈が分かれることを前提にして作ってある、ということを言っている。ラウル・バージャーというアメリカの学者によれば、法律の用いた文字というものは、そもそもこれを展開することが可能で、自由な解釈、ラティチューディネリアン・コンストラクション、幅のある解釈が許されるような文字を特に用いることがある、ということである。しかし、こういうふうに立法者が解釈の分かれることを予想して作っているものだけではなくて、ある確定的な概念を用いて作ったつもりでも、時代の変遷によって解釈が分かれてくるという場合がある。アメリカに、サーマン・アーノルドというイェール大学の教授であった法律家がいるが、この人が、これについてごく卑俗な例をあげて説明している。たとえば租税法の中に「馬に高い税をかけ、アヒルに安い税をかける」という法律があった。ところが、だんだん交通機関や運搬機関が発達して来ると、馬はもはや役に立たないというので値段が下がってくる。それに対してアヒルの方は、国民の趣味が変わったのか、あるいは栄養学の進歩などかで、非常に需要が増えてきて値段が高くなる。こういう場合に、しかもその租税法を国会の与野党の関係から簡単に改正することができない場合に、どうするかというと、馬とは要するに値段の高い動物ということである。したがって、租税法が馬と言っているのはアヒルのことであり、アヒルと言っているのは馬のことである。こういう解釈がおこってくる。しかもその解釈がもし無理だというふうな印象を一般国民が受ける場合には、政府は、その解釈が正しいということを政治的な儀式によって宣言したり、あるいは教科書に書かせたり、あるいはアヒルに秣をやるように行政指導で動かしたり、あるいは学者が、アヒルと呼ばれている動物に秣を夜こっそりと食べさせる、というようなことをする。要するに、さまざまの儀式をもちいてこういう解釈の変遷を支えるということがあるのではないか、ということを言っている。

こういうふうに、解釈の問題というのは、形式論理で何人にも明確な非常にはっきりとした結論がでるものではない。いろいろな目的やいろいろな心理、あるいは場合によっては利害というような、特にそれも主観的なものの他に客観化されたものをも含むが、そういう力が解釈を動かし、どちらかの解釈がより多数の支持をうることになるのではないか。私は、その場合に、解釈の基礎になっているさまざまの要素が主観的になればなるほど、それはイデオロギーに近づき、客観的になればなるほど、ウトーピーに属するようになるのではないか、そういうことを考えているわけである。

そこで、そういう解釈の他に、何人も必ずそれを支持するような客観的な法の理論というものがあるのか、別の言葉で言えば、政治的に進歩的であったり保守的であったり、あるいは、犯罪人であったり検察官であったり、弁護士であったり裁判官であったり、そういう立場の違うさまざまの人々が全部こぞって間違いないと賛成する、ちょうどピタゴラスの定理のような理論が法律学にはあるのかどうか、ということが問題である。

宮沢論文によると、実践的解釈論の場合に、自由法学とか概念法学とか言っているけれども、それは少しも科学的な理論ではない。法の解釈論の問題である、法の科学の問題ではない、と断定されている。そうすると、次に、そういう実践的な、個々の具体的な時代の、具体的な国における実定法の解釈の問題を離れて、さまざまの国の違った法律、そのなかには、現実に行われている法律もあるし、過去に行われた法律もあるし、将来望ましいと思われる法律もあるが、そういうあらゆる種類の法規範全部を対象にして、これを分析し構築すると客観的な法の理論ができあがるのだろうか、という問題がでてくる。

しかし、私はどうもそういうことは大変むずかしいのではないかと思う。法律学が社会現象を規範論理的方法で分析するものである限り、本質的にそれはイデオロギー性あるいはウトーピー性を抜け出すことはできない、と思う。例として、ちょっと古い話だけれども、明治憲法の機関説論争というものを簡単にふり返ってみると、明治憲法の機関説論争というのは、要するに憲法の解釈論である。明治憲法全七章七六カ条の条文の一条から七六条まで、天皇機関説の解釈と天皇主権説の解釈とは、まったく二つに分かれて対立している。しかし、対立は非常に簡単であって、天皇主権説のほうは、天皇の権限を強く認め、議会の権限をできるだけ小さくするように、すべての条文を解釈しようとする。反対に、天皇機関説は、議会の権限を強くし、天皇の権限を形式化するように、すべての条文を解釈する。こういう対立を示していたわけである。しかし、この対立を、すべての条文について、一々ここでお話する必要はまったくないであろう。我々に一番関係がある問題を一つ例にとれば、それは、日本国憲法の制定に関する問題である。現行の日本国憲法は、明治憲法七三条の改正手続にもとづいてできたものだが、七三条の解釈をみてみると、天皇主権説によれば、明治憲法の憲法改正は天皇だけが行うことができる。議会の議に付することになっているけれども、議会ができるのは賛成と言うか言わないかだけである。極端な天皇主権説をとれば、議会の賛成すら必要でなく、天皇が改正しようと思えばいつでも改正できるとされる。この場合、帝国議会は諮問機関ということになる。それに対して、天皇機関説によれば、議会の同意が絶対に必要であるばかりでなく、美濃部学説によれば、議会は天皇の原案を修正することもできる。この天皇により議会に提出された憲法改正の議案を議会が修正できるという説は、実は美濃部博士だけが唱えたものであって、これに教科書の上で賛成した学者は、私の知っているかぎりでは、たった一人しかいなかった。その一人とは、宮沢俊義先生である。しかし、この美濃部＝宮沢解釈論は、そのくらい少数のものがとっていた学説にすぎないのだけれども、戦争が終わって第九〇帝国議会で新しい憲法改正案が審議される時には、ほとんど誰一人疑うことのない通説として通用した。ご承知のように、第九〇帝国議会は勅命によって付議された憲法改正原案を盛んに修正している。そして、この解釈論の基礎には国家法人論という理論がある。主権は国家にある。この国家の直接機関は、一方では、天皇だけれども、もう一方は議会である。こういう理論を用いて、天皇機関説の明治憲法解釈論がでてくる。つまり、国家法人論というのは、解釈の前提になる理論であったわけである。

ところで、この国家法人論は古い歴史をもった理論である。もう随分むかしだが、一八三〇年に、フランスの七月革命の影響をうけて、ドイツのハノーヴァーという邦でも新しい近代的な憲法が作られたのだが、一八三三年に、当時の国王ヴィルヘルム四世が死に、その跡を継いだカムバーランド大公エルンスト・アウグストは、非常に前近代的な考え方をもっていて、自分はこの憲法には拘束されないと宣言した。そして、それに不満なゲッティンゲン大学——ゲッティンゲンというのは大変ロマンティックな町らしく、日本では「月沈原」と書くのだが、そのゲッティンゲン大学の七人の教授が、これに反対の声明をした。この事件を Die Göttinger Sieben と言う。そして、この国王のクーデターに反対をした七人の学者の一人が、国家法人論を初めて唱えたヴィルヘルム・エドワード・アルプレヒトという国法学者である。

この国家法人論がこういう歴史的基礎をもっているということを特にはっきりと我々に意識させたのは、明治憲法から日本国憲法に変わり新しい国民主権の憲法ができた時に、新国家法人論というのを唱える学者がでてきたことである。この学者とは、我々の大先輩の尾高朝雄先生である。尾高先生は、この新国家法人論にもとづいて、日本国憲法において主権は国家ないし国家の理念であるノモスにあると考えられ、国民主権と天皇制とはちっとも矛盾しないと主張する論文を書かれた。しかし時代の変化によって、この説は美濃部説とは全く逆の役割しかもたなかった。そして、その論文を徹底的に批判したのが、実に、日本公法学会創立の時の記念公開講演会で宮沢先生がされた講演の内容であった。

こういうふうにみてくると、どうも実践的解釈と理論的原理とはかなり結びついているのではないか。私は、そう見るのが正しいのではないかと思う。

ところで、ハンス・ケルゼンによれば、人間は、その周辺にある現象を理解する場合に、原始時代においては、自然と社会とを区別しなかった。自然と社会とを一元的に考え、どちらも規範原理で説明した。たとえば、雷が落ちたとすると、誰かが法に違反する行為をしたから罰として雷が落ちたという説明をしており、自然と社会とが一体的に把えられていた。それに対して、近世自然科学の発生とともに、人間は、自然現象については因果的法則性によって説明をし、これに反して社会現象については規範的見方をするという二元的な考え方をするようになったのである。

しかし、私は法律学の中に因果的な考え方がある程度入ってこようとしているということが言えると思う。アメリカの例をとると、アメリカでは、一九〇八年にミューラー対オレゴンという事件があった。これは婦人労働者の一〇時間労働を定めた法律が違憲かどうかという問題だが、その時に州の側に立って弁護人としてブリーフを提出したのが、ブランダイスで、このようなブリーフは、ブランダイス・ブリーフと呼ばれている。そしてこのブランダイス・ブリーフが、そういう科学的というか、因果関係の考え方を裁判にもちこんだ最初のものと言ってよいと思う。それから約五十年たって、今度は黒人と白人の学校を区別することが違憲かどうかという問題で、やはり弁護人としてマーシャルという弁護士が同じようなブリーフを出した。そして、ブランダイスもマーシャルも、どちらもこれらの重要な画期的裁判で勝って、その後しばらくしてどちらも合衆国最高裁判所の裁判官に任命された。特にマーシャルは、ご承知のように、現在のアメリカ合衆国最高裁判所裁判官九人のうちでただ一人の黒人の裁判官である。この議論をみてみると、たとえばブランダイス・ブリーフは全部で一一三頁あるのだが、そのうちで規範論的な議論をしているのはたった一頁、すなわち最後の一頁だけであって、それ以外の一一二頁というのは、もしも一〇時間労働法を行えば労働者の健康とか社会的関係とかがどういうふうになっていくかということを、世界各国の立法例を引いて、causes and effects という関係で分析している。これは社会科学的分析といっていいと思う。それから、マーシャルのブリーフには「隔離主義の影響――黒人と白人を分けることの影響と非分離の効果――社会科学的陳述」という表題がついている。たしかに、この二人の用いたいわゆる科学的方法というものが、はたして自然科学における因果関係と同じように社会現象を分析したものかどうかということは若干問題であるけれども、しかし、そういう社会における因果関係の分析が、法律の作用に影響を与えるというか、法律の解釈を動かしていくことがあるということは否定できないのではないか。私はそう考える。

現在の社会では、法律制度をつくる場合に、一番うえの憲法は法的に完全な選択である。主権者である国民は、民主的な憲法にするのか、専制的な憲法にするのかという価値の選択をする。この価値の選択による憲法にもとづいて法律ができる。立法は、憲法の選択した価値を破ることはできないはずだが、その価値を展開してさまざまな規定をつくる。その選択のいかんでは憲法の価値が変るかも知れない。そして、立法の規定したところを、さらに行政官なり裁判官なりが解釈をするわけである。したがって、たしかに各段階において上位規範の下位規範を拘束する拘束力の強さというものに違いがあることは疑いないけれども、どんなに上位規範が下位規範を拘束していても、下位規範を定立する場合に価値の選択が、必要であるというか、やむをえないというか、必ず行われるのではないか。たとえば、上位規範である憲法に人間の平等保障の規定がある。実定法のなかには尊属殺といった規定がある。そして、尊属殺の規定はその憲法に照らして適憲なのか、それは本質的に違憲なのか、あるいは刑罰が重すぎるから違憲なのか、裁判官は価値の選択をして実定法上の結論を出してくる、ということになる。あるいは、憲法のなかには平等条項の他にもたとえば勤労者にたいする特別の規定があって、第二八条は勤労者に、その団結権、団体行動権を保障している。しかし、この団体行動権の保障にもとづいてすべての勤労者がストライキをすることができるかというと、そうではない。ストライキができない公務員のようなものもあるわけである。しかし、こうしたストライキのできない公務員が違法なストライキをした場合に、これが刑事罰を受けるのかどうかということについては、裁判官が、憲法二八条の規定と憲法全体の示している価値を対応させ、実定法規を解釈して、そこから正しいと思う結論を選ばなければならない。

こういう場合に、いろいろな考え方があって、たとえば利益較量という考え方もある。この利益較量もやはり価値の選択だと思う。どちらの価値が高いかを比較較量によって決めなければならない。あるいは二重基準の理論というのがある。二重基準 (double standard) というのは非難をこめた表現であるけれども、また積極的にこれは精神的権利や政治的権利と経済的権利とは憲法上の保護が違う、という主張をする考え方である。けれども、今や問題は二重基準どころではなく、もっと複雑になっている。そして裁判官は、そのなかでいろいろな価値を総合し、より高い価値に照らして、どれが正しいかという結論を選ばなければならない。つまり、人間が価値選択をしなければならないというところに法律学の当面するむずかしい問題があるのではないか。

たぶん今日か明日のうちに判決が出るのではないかと期待しているのだが、現在アメリカ合衆国最高裁判所に係属中の一つの興味ある事件がある。カリフォルニア大学のデヴィス分校の医学部には、その定員一〇〇名のうちの一六名を黒人とかインディアンとかの少数民族に特別入学を認めるという制度がある。この事件というのは、この特別の制度によって入学を許された黒人よりも点数が高いのに入学できなかったバッケ(Allan Bakke――アメリカ人は普通バッキと読む)という白人の学生が、この制度は平等原則を踏みにじるものであり憲法に違反するから、自らの入学を認めよと主張して起こした訴訟であり、一審でも二審でも勝ち、現在合衆国最高裁判所にかかっている。このカリフォルニア大学理事会対バッケという事件で、最高裁判所がどういう価値の選択をするか。一方で、黒人は今まで虐待をされていたから、これを積極的に補助するような行為(affirmative action)を州なり州の大学なりがとることは憲法に違反しないという意見が相当強いのだが、しかし、他方からいうと、憲法は色盲であり、色によって差別はできない。したがって、こうした制度は違憲であるという考え方も大変強くて、おそらく最高裁はその選択に苦慮していると思う。(最高裁はバッケの入学を認める判決をした。Regents of the University of California v. Bakke, 438 U. S. 265, (1978))

アメリカには、法律現象のなかに因果性を追及しようという考え方がある。ネオ・リアリズムとも、リアリズム法学とも呼ばれているが、この学派はそういう因果性を追及するのである。そこには、裁判官は心理的な原因で、ある結論を出すとか、経済的原因で、別の結論を出すとか、その因果関係を分析するさまざまの考え方がある。しかし、この因果関係の分析が自然科学の法則のような何の例外もない明確な法則を発見したとはどうもまだ言いきれないのではないか。結局、価値の選択をする場合にその選択の基礎にあり背景にあるものがどういうものであるのか、ということが問題だと私は思う。

法律学の研究対象には、文字に書かれた実定法があるし、慣習法があるし、判例もある。そういうものを分析して、その実定法なり判例なりにあらわれた価値がどういう社会的な問題状況のなかで選択されたのかを明らかにし、それにもとづいて実践的な解釈を主張する。そしてその場合に、選択された価値がより多数のものに支持され、より長い間妥当性をもつものとして主張される時、その価値は客観性をもつのではないか。

これは学生諸君にとってあまり役に立つ結論であるとは思わないが、そういう問題意識は必要だろう。

法律学においては因果法則は発見されず、行為者の価値の選択を、上位の規範によっていかに合理的に説明できるかということだけが問題である、と私は学生に話したことがある。そうしたら、先生、法律学というものは頼りないものですね、経済法則を究明している経済学の方がはるかに学問的ではありませんか、と一人がいった。ホバートというイギリスの学者の本によると（『社会科学とは何か』一九七五年　岩波新書）、イギリスには、経済学は科学とは認められない、という法律があるそうである。これは天動説を法律できめるようなもので、法律的規範の限界を超えたものといっていいだろう。しかし経済学が地動説と同じ科学的法則を発見したかというと、私はよく知らないが、多分まだ成功していないと思う。政治学も同様で、オックスフォードでは、政治学(political science)という講義はなくて、政治論(politics)という講義しかないそうである。ということは、いわゆる社会科学の諸分野は、いずれも、イデオロギーの領域に止っていて、科学とはなっていないということになりそうである。

そういう学問的状況の中で、どうしたら法律学が不確実性を脱却し、法的確実性を確立することができるのか。これがあなた方若い学究の今後の課題ではないであろうか。それにはそういう限られた法則性、科学性を基礎にして、イデオロギー性を脱却して、ウトーピー的方向を追求することが、法律学を研究する者にとっての正しい道なのではないであろうか。

(日本公法学会講演『公法研究』四一号 一九七八年)

憲法をつくる力とこわす力

1　憲法はなぜ必要か

(1)

大分前にみたある映画のおしまいに、国王ジョンが、貴族たちからつきつけられた大憲章に、大きな印を捺させられるところがあった。「余は国王であるぞ」と一生懸命力みかえっているのに、とうとうこの文書に示された政策の文言を承認しないわけにはいかなくなるところが、画面によく出ている。ジョン王の苦り切った顔つきが、いかにも面白い。この映画の筋になっているところはむろん作り話であるけれども、国王がこんな契約に賛成しなければならなくなった根本の理由が、外国人の傭兵をするのに巨額の費用が必要で、そのためむやみに税金を取り立てようとしたのに対する国民の反抗にあったことは、歴史的な事実である。そこで、この大憲章（一二一五年のマグナ・カルタ）の中には、例えば、こんな規定が設けられているのである。「第十二条凡そ税金又は御用金は、朕が王国の全般会議によるのでなければ、これを朕が王国に課することはない。」これによく似た規定が、日本国憲法の中にもあるのを、覚えている人もあるだろうと思う。日本国憲法第八四条には、こうある。「あらたに租税を課し、又は現行の租税を変更するには、法律又は法律の定める条件によることを必要とする。」法律は、国会が制定する規定であるから、法律によって定めるということは、つまり国会が同意しなければならないということに外ならない。憲法というのは、こういうように、国家の権力で国民に何かを強制する場合に、これについての一定の要件を定めた根本的な法である。

こういう法のきめている要件というのは、分析してみると、大きくわけて二つにすることができる。第一は、国家の権力を行う機関について定めることで、例えば、国王とか、内閣とか、議会とかいったような機関の構成や権限を定めることである。もう一つは、これを国民の方から規定して、これらの国家機関が、ある作用を行うときに、どうしなければいけないかを定めるものである。だから、これをもう一度いいかえると、憲法は、まず第一に、国家には、どういう機関と、どういう作用とがあるかということを定め、次に、これらの作用のうち、それぞれのものについて、それはどういう仕方で行われなければいけないかをきめるものである。

ところで、このうち第一のものは、およそ国家というものが存在する限り、必ずなければならない定めである。例えば、推古天皇が政治をしていた時代には、この特定の女性が、どういう根拠でそんな力をもっているかを定めた何らかの定めがあったはずである。それでなければ、この女性が政治をするということは、できるはずがない。蘇我馬子が、崇峻天皇を刺したときになぜその姉が天皇の位に即くことができるのかをきめた規定があったはずである。いや、そんな規定は何もなかったのだ。ただ馬子が、こんどは推古女帝に位に即いてもらいたいと考えたからだ、という人があるかもしれない。しかしたといそれが馬子一人の考えだったにしても、それが効力をもち、みんなが、これを天皇として認めるには、それだけの理由がなければならない。それは馬子が、実際に、自分の考え、きめたとおりを実現させるだけの力をもっていたからだ、ときめてしまう人もあるだろう。それはたしかにそのとおりに違いない。しかし、それではいったい、その力とは何か。これはもっとむずかしい問題である。

力があるといえば、誰でも、物理的な力を思いうかべるだろう。もし、この支配者が、実際に他の者に比べて腕力のすぐれた者であって、相手を全部、腕力で叩きふせて、それをみんな自分の部下にしてしまったというのであれば、これはたしかに、物理的な力の支配に違いない。しかし、こんなことが行われ得たのは、ずっと大昔の小さい集団生活時代のことで、社会生活が拡大してから後は、これは物語としてしか存在しないことであった。社会的にある程度大きな団体生活が始ってからは、一人の人間が、自分の腕力だけで、他のすべての者を服従させるなどということはあり得ない。ここでは集団の力で、他の集団を支配するということが行われるのである。

ところで、一つの集団が、他の集団を支配するというのには、戦争による征服や、権力による支配があるだろう。しかしこの武力だの権力だのというものも、それが集団的な力である以上、やはり、単純な物理的な力ではあり得ない。何故なら、それはそういう物理的な力を行使する人間の集団を必要とするからである。そしてこういう人間の集団が、一定の意図を以て、一定の方向に、物理的な力を用いるためには、この集団を組織する心理的な力が必要である。この心理的な力は、同時に、この支配力によって支配される人たちの心理でもあるわけだ。

この支配の心理的基礎をなしたものは、おそらく宗教的な畏怖心であろう。日本書紀に出ている神武天皇東征の時に現われたという金色の鵄などは、こういう畏怖心による征服の具体的な例といっていいであろう。ひとびとは金色の鵄の出現に畏怖し、その前に無条件でひれふしたのである。原始人の間には、尊いもの、敬うべきものに対しては、それを見たら例えば眼がつぶれるという信仰がある。これをタブーという。明治のはじめに、都を東京にうつすというので、天皇が京都の街を旅立った時、都のひとびとは、拝めば眼がつぶれるという信仰から、土下座したまま頭を上げなかったという。もっとも中には、片眼だけ犠牲にしても、とにかく見ておきたいという好奇心から、片っ方の眼を手でおさえて見ていた者もあるという話が伝っているが、これはもう一九世紀も終りに近い頃のはなしで、それでさえまだこの程度のタブーが、支配者については残っているというのは、この種のタブーがいかに根深いものであるかを示すものである。タブーにはこの外に触ってはならないというタブーや、近寄ってはいけないというタブーがある。神社のしめなわなどは、このタブーの存在を示すためのものに外ならない。こういう心理的な基礎があってはじめて権力者が権力を行使できるのである。それは決して単純な物理力なのではない。

そこでこういうことになる。推古天皇が天皇の地位にあって、人民を統治することができたのも、あるいはうまやどの皇子が、摂政として天皇に代って命令をすることができたのも、そうしてまた蘇我氏が大臣《おおおみ》というような地位にあって政治の内容をきめることができたのも、みんなこういうような権力——物理的な力と心理的な力との合したもの——を基礎にしている。もっとくわしくいうと、これには、さらに社会的な力や物質的な力がつけ加っているといってもよい。社会的な力というのは、例えば奴隷所有者であるとか、軍人階級であるとかいったことを意味する。こういう社会的な地位が、支配力の基礎になることは疑いない。物質的な力もこれと似ている。財産をもっているということは、一つの社会的な力でもあるが、また心理的な力や物質的な力ともなる。要するに、このようなさまざまの力が相合して、支配力を形づくっているのである。これが政治権力の内容である。

(2)

ところで、この政治権力というものは、現実に、その権力者の命令が、命令として行われ、ひとびとがこれに服従するということであるが、しかし、それは例外なく行われるかというと、決してそうではない。例えば、ある政治的権力者が、租税を納めよと命令したとする。この命令には、物理的、心理的その他の強制力が伴っていて、たいていの者は、それに服従するだろう。しかし中には、それに従わないものもいる。公然と従わないものもいるだろうし、こっそりとごまかして、なるべくその命令に従わないですむように工夫するものもいるだろうが、いずれにしても、この命令が一〇〇パーセント完全に実行されるということはない。ことに心理的な強制力というものは、一番不確かなもので、人間の心理というものは絶えず動揺しており、ある権力者に従うのがいいか、従わないのがいいか、迷っている者は、いつの時代にも決して少なくない。心理的な服従の全く停止しているのは、人間の心理作用の全く停止している時で、それはいうまでもなく、大部分の人間にとっては、夜眠っている間がそうであり、ごく少数の人間にとっては、その外、精神が普通に働かなくなっている場合がそれである。それであるから、こんなにも不確実なさまざまの力に、現実に支えられている権力を、とにかくそのような権力として認め、その権力をもっている権力者を権力者として立てるための観念的な基礎づけが必要になって来る。つまり、あれはこの国家の権力であり、権力者であるということを定めるということがこれである。定めるというのは、法として定めるということである。法として定めるというのは、もし現実にその定めに違反した者があれば、権力者はこれに制裁を加えるということである。しかしこの制裁も、観念的には、違法があれば、常に加えられるという建前であるが、現実的には、それがいろいろな事情で加えられないことがある。しかしそれはそれでいいのである。そういうことに定められていればいいからだ。もっとも、定められていただけでは、ほんとうはいけない。もしそれが全然行われなければ、それは実定法とはいえない。例えば律令時代や幕府時代の法令は決して成文法によって廃止されたとは限らない。しかしその大部分は、今日全然行われることがない。全然行われることがない法は、ちょうど吹かない風のようなもので、存在自体が消えているのである。

そこでこういうことになる。法というものは、現実にいろいろの社会的心理的その他の原因で起る現象を、その原因とは関係なしに、一つの法的な根拠にたどって説明する説明の方法である。例えば、甲が乙を殺したとか、丙が丁の財産を取り上げたとかいう場合に、それは乙の行為に対する刑罰として甲が死刑を執行したとか、丙が丁に対する租税滞納処分として丁の財産を差押えたのだとか説明をするのである。この場合には、甲や丙は、国家という法的な団体の機関として、その法的に与えられた権限を行使したのだと説明される。もしそういう説明が成立たなければ、甲や丙の行為は、殺人になり、窃盗になるであろう。そうして甲や丙の行為が、そういう国家の機関としての行為であると説明され得るためには、それは一定の条件を具えていなければならない。この条件を定めたものが、法なのである。

この法の中で、国家の基本的な機関の組織上の要件と、権限行使上の要件とを定めたもの、すなわち国家の基本法がすなわち憲法である。この憲法があることによって、例えばうまやどの皇子が、摂政としての地位にあると説明されるのである。また推古帝が天皇として認められるのである。それであるから、この意味の根本法がなければ、決して国家というものは存在することがない。およそ国家がある以上、必ずこのような根本法は存在したのである。それは必ずしも文字に書かれた、成文の憲法であることを必要としない。とにかくひとびとが、ある規定を考え、その規定に照して具体的な人間を国家の機関とみ、その人の行為を国家の行為と考えるのでなければ、国家は存在しない。その場合には、ただ個々の人間の個別的な行為があるに過ぎない。むろん憲法の規定は、極めて細かく国家機関の行為の要件をきめている場合と、ごく根本的な、誰を国家の支配者とするかということだけをきめている場合とある。古い時代の国家は、だいたいこの後者のような憲法をもっていたに過ぎない。だから主権者は何でもすることができ、そのするところは何事でも法としての効力をもった。しかしこの場合にも憲法が存在したことは、上に述べたように明らかである。

(3)

ところでわれわれがここで「憲法をつくる力とこわす力」というテーマで論じようとしている

のは、このような広い意味の憲法についてではない。その一部についてなのである。ではその一部というのはどんな憲法か。それは、歴史上一定の時代に要求された一定の内容をもった一定の形式の憲法、つまり歴史的範疇としての憲法なのである。

この意味の憲法は、三つの要件をもっている。その第一は、君主の権力を制限するものであるということである。従来の憲法は、君主が、君主であり、支配者であり、主権者であるということを定める憲法ではあったが、君主が、どういう行為をしてはいけないか、どういう行為をする場合には、どういう機関の同意を得なければならないかといったようなことについては、なんら定めていなかった。有名なフリドリッヒ大王（治世一七四〇—一七八六年）は、「余は人民の第一の僕である」といったが、しかし憲法上、その権力が人民に奉仕するように規定されていたわけではなく、ただ、自分でそういう心持をもち、そうしようとつとめていたというに過ぎない。だからポツダムにある無憂宮《サンスーシ》で、フランスの哲学者ヴォルテールと哲学の議論をたたかわしたりして大いに啓蒙思想に理解があったには相違ないのだが、この宮殿の中で邪魔になる風車小屋を、自分の命令一つで取除かせようとしたのである。風車小屋の主人は、これに対して「ベルリンには裁判官がいるはずです」と答えたというのが有名な物語として残っているが、しかし法的にいえばこの大王の権力を制限する憲法的規範は、この時代にはまだ成立していなかったのである。これらの君主は、自分自身の意思によって支配するか、あるいは神意によって（この場合には、神意を知る力を誰がもっているかによって問題はきめられる。道鏡が宇佐八幡の正しい神意を知る力をもつ人間でなかったところに、あの歴史的事件の意味がある）――支配したのである。これを国民が定めた憲法の条項によってでなければ、支配し得ないようにするというのが、この憲法の第一のねらいであった。

その第二の要素は、右のように君主の権力を制限するために、これと対立するものとして国民の自由権、基本権を認めたことである。自由権というものは、いわば君主の権力の及び得ないところに、国民が享有する領域があるということを確認することにはじまっている。この確認の憲章であることが、憲法の第二の要素である。

そうして第三の要素は、この憲章が文書に書き現わされているということである。君主の権力を制限しようとする要求と、その制限を認めるという承諾の意思とが合致したということは、文書で書きあらわしておくのが一番いい。これは個人と個人との間の関係でも同じことである。例えば日本民法第五五〇条には、「書面ニ依ラザル贈与ハ各当事者之ヲ取消スコトヲ得」という規定があるが、これはつまり契約が文書になっていない場合には、どちらの側もそれの履行を裁判所に要求できないということである。君主と国民との間の関係も、これに似ている。それであるから、今日、不文法憲法の国として知られているイギリスのようなところでも、その一番古い憲法として知られているマグナ・カルタは、羊皮紙の上にペンで書かれた立派な文書であり、前にいったようにそれを承諾したしるしに国王ジョンが大きなシールを捺しているのである。

それではいったいこのような意味での憲法——歴史的範疇としての憲法——をつくり出したのは、どんな力であり、それは歴史的にはどんな時代だったのであろうか。

2　幸福の追求とは何か

(1)

「その幸福なチョコレートをモンセーニュールの唇まで持ってゆくには、四人の男がいるのであった。その四人ともぴかぴかときらびやかな装飾を身に着け、その中の頭の者にいたっては、モンセーニュールの範を垂れ給うた高貴にして醇雅な様式と競うて、ポケットの中に二個より少い金時計が入っていては生きてゆくことが出来ないのだった。一人の侍者はチョコレートつぎを神聖な御前へと運ぶ。二番目の侍者はチョコレートを特にそれだけのために携えている小さな器具でかきまぜて泡立たせる。三番目の侍者はお気に入りのナプキンを差し出した。四番目の侍者(すなわち金時計を二つもっている男)はチョコレートをついだ。モンセーニュールにとっては、こういうチョコレート係りの侍者の中一人欠けても、この讃美にみちた天が下での高い地位を維持することは不可能であった。もし彼のチョコレートが不名誉にも、僅か三人の侍者によって給仕されることがあったら、それは家紋にとって深い汚辱となったであろう。もし、侍者が二人となったら、彼はきっと死んだに違いなかった。」

モンセーニュールにとっての幸福とは、このように多数の者の犠牲の上に成立った快楽であった。およそこの世は彼の快楽のために造られたのだ。これが彼の哲学であった。しかしこの哲学は、それ自身に内在する論理によって、その正反対のものに転化する。もしすべてのものが彼と同じ哲学を抱懐するとしたらどうなるか。いうまでもなく、すべての個人が、可能な限度でこのような利己的な目的を追求し得る社会が成立することでなければならない。この多数の人間が、新しい社会を求め、旧来の貴族社会をくつがえす運動をまき起すようになるのは、それ故、むしろ当然といえるであろう。モンセーニュールの都会生活と農村生活を描いたディッケンズが、筆を進めて「反響する足音」を描写するにいたるのは、ことの自然の順序である。「全フランスの呼吸が凝って、この『バスチイユへ』なる呪うべき一語になったかとばかり、湧き立つ喊声と共に、この人間の海は狂い立つ。波は波を越え、深みは深みを越え、全市に漲り溢れつつ、バスチイユ指してひた押しに押して行く。警鐘、太鼓が乱打される。人間の海は彼等の新しい目的たる巌頭に向って、白泡嚙んで、どっと打ち寄せる。攻撃は始ったのである。」この攻撃の結果ついに「封建的悦楽」の生活体系は崩壊し、すべての市民が自己の利己的欲望を追求することのできる社会、市民社会が成立した。もっともディッケンズの『二都物語』は、そこまで描いてはいない。そこに描かれているのは、ただ「首斬斧に支配されている街」、「恐るべき道徳的無秩序が、何の区別もなく平等に荒れまわっている」世界である。この世界の支配者はジャコバン派。ジャコバン修道院に集った「憲法の友のクラブ」から発展した政党である。マラー、ダントン、ロベスピエールがその中にいる。サン・ジュストもその一人であった。このサン・ジュストは、「幸福とはヨーロッパにおける新しい理念である」といっている。それは必ずしも幸福概念の、全く新しい誕生を主張しているのではないであろう。それはむしろその量的な適用範囲の拡大、すなわち例外なくすべてのひとびとに、幸福を与えよという意味であろう。だから後にドイツの社会主義者が、これらの革命によって生れた基本的人権を指して、「いわゆる人権のどれをとってみても、利己的人間、市民社会の成員である人間、つまり自分自身に、その私利と我意とにとじこもり、共同体から分離された個人である人間をこえるものはない。人間が人間において類的存在として把握されるどころか、むしろ類的生活そのものが、社会が、個々人にたいする外的な枠として、個々人の本源的自立性の制限としてあらわれるのである。個々人を結合する唯一の紐帯は、自然的必要であり、欲求と私利であり、彼らの財産および利己的身体の保全である」といっているのは、正当であった。

しかしこの利己的人間としての解放への要求が、まず、近代的憲法の出発点として問題なのである。一七七六年、植民地アメリカが「独立宣言」を書き、一七八九年にフランスが「人権宣言」を書いたのは、このような憲法制度への前奏曲であった。これら二つの宣言の基本的な思想の位置づけについては、上に述べたように大きな相違はないはずであるが、しかし詳細に検討してみると、そこには思想的な違いがないわけではない。

(2)

いったい、アメリカの独立宣言は、どんなことを規定しているのであろうか。独立宣言の中で最も基本的な見解を述べているのは、次の一節である。「われわれは、次の真理を自明なものと認める。すべての人は平等に創られていること。彼等は、その創造者によって、一定のゆずるべからざる権利を与えられていること。それらの中には、生命、自由及び幸福の追求が数えられること。そうして、これらの権利を確保するために、ひとびとの間に政府が設けられ、その正当な権力は、被治者の同意に基づくこと。どんな形態の政府でも、この目的に有害なものとなれば、それを変更または廃止して新しい政府を設け、その基礎となる原理、その組織する権力の形態が、彼等の安全と幸福とをもたらすに最もふさわしいと思われるようにすることは、人民の権利であること、これである。なるほど、分別の教えるところによれば、長きにわたって存立した政府は、かるがるしい、一時的な原因によって変えられてはならない。従って、経験の示すところによれば、人類は、自分たちが慣れている形態を廃止することによって、自ら正すよりも、害悪が我慢できる間は、我慢しようとする傾きのあるものだ。けれども、同じ目標を絶えず追求する権力濫用と簒奪とが長く相つぎ、人民を絶対専制の下に屈伏させようとする意図を明示するようになると、そのような政府を顚覆し、彼等の将来の安全のために新しい保障を設けることは、彼等の権利であり、彼等の義務である。これらの植民地が忍耐しつつ苦しんで来たのは、このようなものであったし、彼等をして、その古い政府の組織を変えるように強制している必然性は、今やそういったものである。」

この宣言の原理を分析する前に、一七八九年のフランスの「人間および市民の諸権利の宣言」の中から、基本的な条項を少しばかりとり出してみよう。宣言はまず次のような前文ではじまる。

「国民議会を構成するフランス国民の代表者たちは、人間の権利についての無知、忘れやすさ、もしくは軽蔑が、社会の不幸と、政府の腐敗との唯一の原因であるのにかんがみ、厳粛な宣言によって、人間の自然の、不可譲かつ神聖な諸権利を規定することに決定した。」

そうしてこの前文に続いて、一七箇条の権利の宣言があるが、そのうち重要なものを少しばかり拾ってみると次のようなものがある。

第一条　人間は、生れながらにして、自由で平等の権利を有し、その生存の間その権利を保持する。社会的差別は、公共の利益に基づいてのみ認められる。

第二条　すべての政治団体の目的は、人間の自然で、時効にかからない権利の維持にある。これらの権利は、自由、財産、安全および圧制に対する抵抗である。

第一六条　権利の保障が確保されず、もしくは権力の分立が定められていない社会は、憲法をもっているとはいえない。

第一七条　財産は神聖で不可侵な権利であるから、何人も、法律によって公の必要があることを明らかに確定し、正当で事前の補償を支払う条件の下でなければ、それを奪われることはない。

(3)

さてこれら二つの宣言は、一三年の間をおいて、ヨーロッパとアメリカの二つの大陸で宣言されたものであるが、思想的に、その間に大きな開きがあるという見方がある。その違いとは何かというと、アメリカの宣言は、幸福の追求ということを基本観念としている。そこで「生命、自由及び幸福の追求」ということが、人間の基本的な権利として要求され、彼等の「幸福と安全」を保障するような政府の形態が最ものぞましいとされているのである。これに反して、フランスの人権宣言には、幸福という文字は全然あらわれていない。そこでの権利は、もっぱら財産におかれている。だから「自由、財産、安全および圧制に対する抵抗」といい、「財産は神聖で不可侵である」といっているのだという。ではいったいこの相違の生じた根拠はどこにあるのだろう。

この点については、チナードという学者は、こんなふうにいっている。「フランスの哲学者たちは、余りにペシミスティックであって、人間が、そもそも幸福になれるものとは考えることができなかったのである。彼等はただ、人間の不幸を減らすことができるようにと望むのが精一杯であった。」そうしてこの学者はさらに言葉を続けて、こういっている。「全キリスト教文明は、幸福というものは、この涙の谷では望ましいものでも、また手に入るものでもなく、その代りにキリスト教は、死後に永遠の生命と祝福とを与えるのであるという観念の上に築かれて来たのだ。」そこで一八世紀のヨーロッパには、幸福という観念は、なかった。それがあったのは、ただ新世界であるアメリカだけであった、とこの学者はいう。ここでは、開拓者精神の中に、幸福追求の強い願いがひそんでいたからだ。これに反して、フランスでは、アメリカでの経験を経て来たラファイエットが、人権宣言の起草にも参加して、幸福の追求(la recherche du bonheur)という字句を挿入したのであるが、この提案は拒否されて、宣言の中には、この文字がまったく消えてしまった、というのである(この説はチャールス・ビアード『共和国』〔松本重治訳、上巻五四頁以下、一九四九年社会思想研究会出版部〕に述べられているところによる)。

この説明は、たしかに面白い点を明らかにしているけれども、しかし説明としては十分なものだとは思われない。第一に、幸福という観念が、一八世紀のヨーロッパに知られていないという見方は、上にも述べたように正しくない。なるほど中世的世界が禁欲と非人間的なもの、天上的なものへの憧れを基調としていたことは、明らかである。僧院のほのぐらい廻廊や、ゴチック建築の天上へと一直線にのび上った様式は、すべてこの人間的なものの否定を象徴するものに違いない。しかしこのような薄ぐらさを通して、近代の黎明をつげる光は、まずルネッサンスの中にさしはじめた。有名なボッティチェリの「ヴィーナスの誕生」を見られた人は多いであろう。真珠の裸身と波うつ金髪をもったこの女神の中にひそむ人間的なためらいと、天上的な自信との不思議な混合ぐらい、この時代の特色を示しているものはない。同じボッティチェリの描いた「ざくろのマリア」の、憂いを含んでじっと一か所を見つめる眼の中にさえ、おどろくほどの人間的な感情がある(この二つの絵はどの美術全集でも容易に見ることができる)。それは一五世紀のイタリアにすでに現われた市民的世界の、中世的世界への反抗であった。この反抗の過程は、しかし、平坦なものであったとはいい得ない。それはこの過程は、中世封建社会の分散経済に対する批判として、統一的な国民経済をまず求めたからで、そうしてそれを実現するためには、強力な政治権力を必要としたのである。それであるから、この強力な政治権力は、一方では新しい社会の要求をその心の中にひめながら、他方ではその権力の基礎を古い支配権力とのつながりの中におかなければならなかった。この権力が、幸福主義《オイデモニスムス》とか、万人の幸福(bonheur de tous)とかいったものを表面にかかげながら、実質的には、何ものをも仮借しない強力な権力として、一方では重商主義、重金主義の収入政策を採用すると同時に、他方でこの権力の実質的基礎をなす諸侯自身の財政政策をも実行しようとしていたことを見逃すことはできないのである。

そこでこういうことになる。幸福の概念はすでに一八世紀のヨーロッパにおいては、無視し得ない現実の存在となっていたのである。旧キリスト教的中世はもはや否定されて、異教的近代は、すでに生れつつあったのである。ただ問題は、それなら、何故、これほど明確に近代のものである幸福の観念を、フランス革命の時にできた人権宣言が採用せず、それより前のアメリカ革命の時の独立宣言だけがとり入れているかということである。

アメリカの独立宣言の起草者は、トーマス・ジェファソンである。そしてトーマス・ジェファソンの思想的な系譜は、一七世紀イギリス名誉革命の理論的代弁者ジョン・ロック(一六三二—一七〇四年)に源をひいているのである。ところで、ジョン・ロックは、一六九〇年に書かれた『国政二論』の中で、政府の基本的な目的として、生命、自由および財産の保護をあげた。ではいったい、ジョン・ロックの思想をほとんどそのまま取り入れたジェファソンが、何故、その規定の中から財産だけを取り出して、これを幸福の追求とかえてしまったのであろうか。読者はきっとここでジェレミー・ベンタム(一七四八—一八三二年)の「最大多数の最大幸福」という有名な標語を思い出されるであろう。この思想が、本来は市民階級のものであることはいうまでもない。「功利主義はベンタムの発明ではなかった。それは、エルヴェシウスその他一八世紀のフランス人たちが語っていた気の利いたことを、ただ気を抜いて再生産しただけである」(『資本論』第一巻第二二章)。そしてこの市民階級が、封建的身分制的支配に反抗して、財産の自由、利益追求を求めていた階級であることは、上にも述べたとおりである。だから、幸福の概念と、財産の概念とは、もともと同じ社会的要求に基づいているのであって、その二つの概念の間に二者択一的な、その一つをとれば、他の一つはどうしても排斥せざるを得ないといったような関係はないはずである。しかしこれら二つの間には、本来、分裂のおこる可能性が含まれていたのである。それは財産をもつ階級だけが、幸福を独占することは不可能だからである。いいかえれば、財産をもたない階級にも幸福を追求する権利を認めることが必要となってくると、これらの二つのものを標語として、世界の変革をなしとげた市民階級は、幸福概念への固執に躊躇を感ずるようになるのである。幸福概念に関して、さまざまな処理の仕方があらわれて来るのは、ここにその理由があったといわなければならない。

3　五五人の若者と九人の老人

(1)

一七八七年のアメリカには、鉄道はなかった。自動車もなかった。いわんや飛行機などは影も形もみえなかった。あるのは汚ない、雨が降るとすぐぬかるむ道路と、そこを走るあまり乗心地のよくない駅馬車か、あるいは河を上り下りする、先はその日の風次第の小さい帆船かだけであった。それであるから、その年五月の半ばに開くはずの、フィラデルフィアの合衆国憲法制定会議は、一〇日以上もおくれてしまった。しかもやっと始った時でさえ、一二州(独立を宣言した一三州の中、一番小さいロード・アイランド州だけが代議員を送ってよこさなかった。強力な中央政府ができると、大きな州がそこで有力な地位を占めるのではないかという懸念をもっていたためである)を代表する五五人の議員の全部は、まだ顔をそろえていなかった。この五五人のなかには、ヴァージニアを代表するジョージ・ワシントン将軍がいた。この将軍の指揮の下にアメリカはやっと独立をかち得たのだ。ニューヨークを代表するアレキサンダー・ハミルトンがいた。ハミルトンは年わずかに三〇歳。キングス・カレッジ(後のコロンビヤ大学)の学生として、革命的文書を書き、独立戦争中はワシントン将軍の副官をつとめ、弁護士となり、議会の議員となり、憲法制定の必要を熱心に説いていた人物。ハミルトンは、政府は、空気のようにぼんやりした存在ではない。抽象的な原理から政府を作り出すことはできないものだと信じている。憲法というものはもっとはっきりした具体的な目標をもったものだ。それは社会のある特定の階級の財産権に、一定の影響をもつものであると彼は考えているのである。

招かれて東京にも来たことのある歴史家のチャールス・ビアードが、『合衆国憲法の経済的解釈』(一九一三年)という書物の中で、ハミルトンの憲法制定について示した熱意の経済的根拠を、次のように分析している。この要求の基礎には、第一に、債権者、銀行家、金融業者のグループがある。これらの者は都市に居住していて、かんたんに結集することができる。もしこれらの者の利益と新政府の利益とを結びつけることができれば、新政府の基礎は、強固になるだろう、とハミルトンは考える。「彼等は、自分の運命を託している船を、中途で見捨てることはないだろう。」第二のグループは、商工業者である。彼等のほしいのは保護関税であるから、もしそれをかなえてやることができさえすれば、彼等は新政府を支持するだろう。政府が社会公衆の利益を守るかどうかは、大した問題ではない。第三の利益は、土地に投機している者である。おどろくべきことには、この時代の指導者たちは、ほとんど例外なくこの種の投機をしていたといわれる。ワシントン、フランクリン、ジェームズ・ウィルソン、ロバート・モリスなどみなそうである。ハスキンス教授の研究によると、移住者が少なく、土地が低廉で、売買の制度が確立していなかったので、土地は大土地会社による投機の対象だった。「私の富は全部、土地投機で得たものだ」とある政治家がいったが、ワシントンもフランクリンもパトリック・ヘンリー(あの、我に自由を与えよ、しからずんば死を与えよと叫んだ雄弁の愛国政治家パトリック・ヘンリー)も、土地投機には関係があったと、この教授は断定している。

新しい憲法の制定が、このような利益の保護のためであったというこの歴史家の研究は、憲法の基本的な性質だけを問題にしているのであるが、それをさらに具体的な憲法の構成について検討して、そのそれぞれの内容について、財産的利益がどんなことを要求したかを研究した学者もある。この研究を参考にして、その一、二の点を少しばかり考えてみよう。例えば議会の構成についての論議は、どうであったか。ヴァージニア代表のランドルフの提案によると、下院の選挙だけは国民にさせてもいいが、その外には一切選挙権は認めない方がいいという。上院議員も、裁判官も、大統領も、選挙によらない方がいいというのである。それでもこの程度のわずかの選挙権を与えることについてさえ反対論が相当あったことは注目に価する。シャーマンは、下院は、州議会で選ぶ方がいいといい出した。彼によると、「人民は、政府については、関係することが少なければ少ないほどいい。彼等は情報を欠いており、いつでも間違った方向へ引っぱられやすい」というのである。ジェームズ・マディソンは、私権を有効に保障するという制度への要求と、何とか民主的な政府を設けなければならないという要求との調和が問題であると告白している。つまりこれらのひとびとは、政府の作り方次第では、せっかく彼等のもっている公債やその他の証券の価値を引き下げ、高い租税で彼等の商工業に負担だけをかけ、その貸付金を取り立てることを困難にすることを知っていた。民主主義というものは、こんな形の政府を作りかねないことを彼等は感知していたわけである。ゲリーが「人民の無智」とか、「水平的精神の危険」などといったのも決して不思議ではない。モリスは、「人民は決して理性だけに基づいて行動するものではない」と主張し、彼等は、「もっと知恵のある連中に引きまわされる間抜け」であるとまでいい、ランドルフは、「合衆国の持てあましている禍は、みんなデモクラシーの不逞さ、馬鹿騒ぎから起るのだ」と考える。これらはみんな憲法制定会議の有力な議員たちである。

ハミルトンは、デモクラシーの悪徳や無思慮というようなことをいっているし、「人民は自分で判断したり、何が正しいかをきめることはめったにないものだ」と考えている。ヴァージニアのメーソン議員が、人民に大統領を選ばせるのは、盲人に色を判断させるようなものだといっているのは、随分極端なようだが、議員一般の考えからそう遠いものではない。二院制度をとって、下院だけは国民によって選挙させてもいいが、上院は何とかしてそれが民主的な――すなわち危険な――下院の行き過ぎをチェックする健全な機関にしようという考えは、憲法議会では一般的だったらしい。上院議員は、下院議員に選出させるという案が出たが――ついでにこれと同じ案は、日本の参議院議員選挙法を考えるときに一度出た――、これはあまり賛成者がなかった。下院議員が、自分を有効にチェックするような上院議員を選ぶはずがないというのである。上院議員は、大統領が任命するのがいいという説も出た。

もっとも上院議員は、直接に国民が選ぶのがいいという説もないではなかった。ジェームズ・ウィルソンがこれを唱えてマディソンが支持した。マディソンは、憲法議会の議員の中では注目すべき人物である。ヴァージニアの土地所有者の息子で、法律を学んだが、実務はいやで、歴史や経済を研究した。彼は公債その他の財産を少しももっていなかったらしい。これが彼をしてハミルトンと対立して、投機者保護の政府党に反対するにいたらしめた理由だという学者もあるが（例えばビアード前掲書一二五頁）、むろん個人の財産的利益だけの問題ではないだろう。革命家のクロポトキンが貴族だったり、エンゲルスが工場主だったりする例もあるからだ。しかし彼の政治哲学が、そういう財産の保護によって利益を得ることのない人たちの立場を代表していたことは疑いをいれない。マディソンの政治理論の基本は、彼自身の言葉をかりるとこうである。

「分派の起る最も普通の、そして永く続く源は、財産の分配が、さまざまであり、不平等であるということであった。財産をもっている者と、もっていない者とは、いつも社会が異なった利害を作り出した。債権者である者と債務者である者との区別も同様である。土地所有者の利益、製造業者の利益、商業の利益、金融の利益、その他さまざまの小さい利益が、必然的に文明社会に発生し、それらを異なった階級に分け、違った感情や見解で動かす。これらのさまざまな、相互に影響する利害の規制が、現代立法の主要な課題をなし、政府の、必要で秩序のある作用の中に、党派心をもち込むのである」（マディソンのこの言葉は、フェデラリストという標題で一七八七年の一〇月以来ニューヨークの新聞紙上に連載された論文の中にみえているものである。この連載論文はハミルトン、ジェイ、マディソンの三人によって書かれ、全部 Publius という匿名で発表された。真の筆者がこの三人の中のだれか判然としないものもあるらしいが、右の一文は、マディソンの筆になるものであるという)。

マディソンは、やはりこのフェデラリストの中に、「もし人が天使であったら(If men were angels)政府というものはいらないだろう」という一文を書いている。そうしてもし天使が支配するのなら、政府をコントロールすることは全然必要がない。しかし人間が人間を支配するのだから、第一には、政府に被治者をコントロールする力を与えなければならないが、次には、また政府そのものをコントロールしなければならない。人民に依頼するというのが、政府をコントロールする第一の方法だけれども、経験の教えるところでは、これでは足りないことがわかった、というのが、マディソンのこの問題提起の出発点だが、それならどんな政府を作ったらいいのか、これはなかなか簡単な問題ではない。

さてアメリカ憲法の制定会議にあらわれたさまざまな意見を、こうしてあれこれと追跡してみると、憲法を作る力というものが、なかなか一筋なわでつかまえられるものでないことがわかる。つまりこの生きた社会にすんでいる人間が、さまざまの要求に動かされて、生活の権力的規律を求めてゆく、その根本の基礎づけをするのが憲法なのである。しかもこの憲法は、歴史の一定の段階で、多数の人民が、自分たちの生存の意味や要求に目覚めてから後は、もはやそれを保障することをある程度までしないでは、全く存在することができなくなったわけである。アメリカの憲法は、この前の章でとり上げたトーマス・ジェファソンの筆になる独立宣言と比べると、少なくともニュアンスが違うことが、読者に感知されることと思う。憲法にはっきり示されているのは、ある程度まで民主的な意思を尊重しながら、強固な政治権力を確立しようとすることであった。この憲法には、基本的人権の保障に関する条文がない。そのような条文がないことは、むろん必ずしもそれを無視しようとする意図からだとばかりはいい切れないであろう。かえって、それの保障は自明のことと考えられていたからであるともいえないことはない。しかし憲法制定後直ぐ、一七九一年には、権利章典といわれる最初の一〇箇条の修正が成立している。そしてその第五条に、何人も、法の適正な手続によらないで、「生命、自由もしくは財産」をうばわれることがない、という字句が出てくるのである。憲法は、誰の要求で、何を保障しようとしているのか。この問題は、歴史の過程の中で、もう一度ゆっくり反省してみることを必要とするだろう。

(2)

アメリカの憲法ができてから、最初の大統領のワシントンと、第二代の大統領のジョン・アダムズとこの二代の間は、憲法は、まさにその制定会議の議員たちが考えていたように、財産の安全を第一の目標とする政府を保障していた。一八〇〇年の総選挙で、はじめて、大統領アダムズ以下のフェデラリストが完全に敗退して、あの独立宣言の起草者トーマス・ジェファソンが大統領の地位につくことになる。やがてジェファソンが、これも読者にすでにおなじみのジェームズ・マディソンを国務長官の椅子にすえることになった。

敗退したフェデラリストはどうしたか。彼等は選挙で執行部と立法部とは完全に失ってしまったのだが、憲法上たった一つだけ彼等の手に残された部門がある。司法部がそれだった。司法部をもっと強くつかまえておこう。こう考えたフェデラリストのひとびとは、まず新国会の召集される前に、旧議員の手で裁判官の増員と、自党の国務長官ジョン・マーシャルを最高裁判所長官に任命するという強行策をやってのけた。そうしてアダムズ大統領はこれら増設された裁判所の判事に、次から次へと自党の士を任命したのである。新大統領の就任は、三月四日であるが、三月二日のうちに大統領から四二名の新判事が指名され、三月三日の真夜中までに上院の同意を得た。これを真夜中の判事などという。この真夜中の判事の辞令は大統領と国務長官の署名はすんでいたが、交付されないままで(国務長官のマーシャルが多忙なため忘却したのだといわれている)、その翌日の三月四日に新国務長官代理が、長官室に来てみたら、まだ机の上に残っていた。新大統領ジェファソンは、その一部を交付することは認めたけれども、ウイリアム・マーベリー外十数名の分は交付しないで保留してしまったのである。そこでマーベリー他数名の者が、新国務長官のマディソンを相手どって、右辞令書の交付を命令する職務執行令状(リット・オヴ・マンデマス)を請求して訴訟を起した。これが有名なマーベリー対マディソン事件である。

これを裁判したのは、上にいったようにアダムズ大統領の末期に国務長官でありながら最高裁判所長官に任命されたジョン・マーシャルである。マーシャルの政治的背景からいうと、もしこの事件で、彼が原告を勝たせて、治安判事任命の辞令書を交付することを政府に強制できさえすれば、彼の手腕が発揮されたことになると、ちょっと誰でも思うだろう。その代り、もしこんな見えすいたことをすれば、最高裁判所の公正さが疑われ、長官以下各裁判官のかなえの軽重が問われることにもなりかねない。ジョン・マーシャルはさすがに死後一〇〇年以上たつ今日でも、合衆国の国会議事堂正面階段前の真真中に、銅像となって厳然と控えているところからもわかるように、すぐれた政治家的感覚の持主であった。些々たる党派的な結論を表面に出して、一時の勝利に酔うよりも、理論的な分析の結果としての一見動かしがたい原理を提示することによって、将来長期にわたって、合衆国憲法を支配しようとしたのである。その原理とは何か。マーシャルは、まず原告マーベリーの請求には一応の理由があるとする。理由はあるけれども、裁判所は、これを勝たせるわけにはいかない。なぜなら職務執行令状を発給する始審的権限を憲法の列記したもの以外に最高裁判所に与えた法律は違憲であって、裁判所は違憲の法律を適用するわけにはいかないからである。マーシャルがここで確立した原理は、憲法に違反する法律は効力がないということである。そして法律が、憲法に違反するかどうかを判断するのは、裁判所であるということである。この原理によって、将来、政府がどのように変ろうと、またどんな国会議員がえらばれようと、古くから厳然として正義の座にすわっている裁判所は、そこで作られるどんな新しい法律をも、これを違憲であり、従って無効であると判決することができることになった。

(3)

マーシャルのうちたてたこの原理は、やがてアメリカ憲法の運命を支配するような大きな力をもつようになる。それは結局、憲法の解釈をする最終的な権限を裁判所に与えることによって、裁判所そのものを、憲法を作る力の一つにしてしまったのである。合衆国最高裁判所長官であったヒューズの有名な言葉にこういうのがある。「われわれは憲法の下にある。けれどもそれは、裁判所がこれが憲法だというものに外ならない。」つまり、憲法制定権者は、一生懸命に憲法の内容となるべき協定を文書に書きあらわして、これで定まったことは明白で、後世、何人も疑問を起すことはないだろうと考えたとする。それは憲法を作る目的からいえば一応そう考えるのが正しいだろう。せっかくできた約束を文書にしておいても、あとでその内容がどうにでも解釈次第で変るというのでは、約束をした意味がないからである。しかし憲法の内容は、実際には、それを具体的な問題にあてはめて裁判所が解釈したときにやっとはっきりするので、それまでは、たんにあることが紙に書いてあるというのに過ぎない。例えばこんなふうにである。合衆国憲法修正第一四条には、こう書いてある。「何州と雖も、正当な法の手続によらないで何人からも、生命、自由または財産を奪ってはならない。またその管轄内にある何人に対しても、法律の平等な保護を拒むことはできない。」

この憲法修正条項ができたのは一八六八年で、つまり南北戦争が北軍の勝利をもって終ってから間もなくである。そのことからもわかるように、この規定は本来、新たに解放された黒人の利益を擁護するためであった。ところが立法者は、この中に、そっと別のものをもちこんでおいたのだ、という人がある。というのは、州はこのころしきりに、経済活動の自由を制限している。これではせっかく奴隷制廃止で、共通の地盤に立って大いに資本主義を発展させようと意気込んでいる会社などが、思うように仕事ができない。そこでついでにこういうものの活動の自由を法律で制限することもやめてもらいたい。つまり、この修正第一四条で権利を保護される「人」の中に、会社もいれておこう。そこでの「何人」という「人」は、自然人(とくに黒人がここで考えられているわけだが)だけではなくて、法人も含むものとすればいい。しかしうっかりそんなことを口に出すと、やぶへびになるから黙って「何人も」としておいて、あとでこれを適用するときに、法人の権利も制限してはいけないということを主張しよう。こう考えた人がいたのだ、というのである。これをコンスピラシー・セオリー、ちょっと強い表現でいえば、陰謀説という。

ところがこの陰謀が狙った目的も、そう簡単に裁判所の認めるところとならなかった。例えばマン対イリノイ事件では、こんなふうに裁判所は考えている。事件は、イリノイ州の議会が、穀物の輸送や保管について、あまり高い料金をとらないように制限的な立法を作ったことにはじまる。これはアメリカでも、独占料金を立法的に制限しようとする努力の最初の注目すべき現われといってもいいもので、議会は公共の福祉の立場から、そういう料金の最高限を法律できめたわけである。ところがシカゴにマンという穀物貯蔵所《グレイン・エレベーター》の経営者がいた。穀物貯蔵所というのは、映画や写真でもみられた人があるだろうが、大きなタンクのようなもので、農村から汽車やトラックで運ばれてくる穀物を、質でだけは区別するが預り人の区別なしに上の口からつぎつぎと注ぎ込んで混合貯蔵しておく施設である。今度返すときには下の口から取り出すわけである。この料金として、マンは法定の最高料金以上をとったため、同法違反として処罰されたので、合衆国最高裁判所に上訴して争った。原告の主張は、この法律は違憲だというのであるが、その一として、修正第一四条に反するという点をあげている。恣意的な、不合理な料金を法律で強制するのは没収と同じことで、それは財産を正当な法の手続によらないで奪うことになるというのが、理由である。ところが最高裁判所は、それを認めなかった。理由は、公共の利益に影響のあるような形で用いられている財産については、公共の利益の見地からそれを法律で制限するのは、当然の原理だというのである。では、そういう制限が濫用されたときにはどうなるか。この点では、判決は、こういう立場をとった。なるほどこの権力は濫用されるかもしれない。しかし何が合理的な限界かということをきめるのは議会自身であって、もし議会のきめたところが正しくないと思えば、国民は次の選挙のときその判断の結果を示せばいい。裁判所にもち出して、裁判所に終局的にきめさせるべきではない。これが最高裁判所の意見であった。

最高裁判所がこういう態度をとっていれば、修正第一四条の中にこっそりかくしておこうとした立法者の意図は、まるで実現しないことになってしまう。つまりここに憲法を、一定のものとして実現する力があるわけである。この力は、もし憲法の内容がすでにきまっているとして、それを展開させようとする方向へもってゆこうとするものであるとすれば、それは憲法をつくる力であるし、その原理とは反対のものを実現しようとするものであるとすれば、それは憲法をこわす力である。しかし何れにしても、憲法を解釈によって具体化する力があるということを無視しては、憲法の問題は明らかにならないということを忘れてはならないと思う。

(4)

さて裁判所は、憲法修正第一四条の問題について、はじめはこんなふうに考えていたのであるが、一八九〇年以後、裁判所はその態度をはげしく変えて、州の立法で、経済的自由に干渉するものを相次いで違憲と判決するようになって来た。一九三八年までに、修正第一四条によって違憲の判決を受けた州法の総数は二三二に達しているが、そのうち一八八〇年代までにそのような判決をうけたものはわずかに四に過ぎない。八〇年代までの裁判所が、こういう態度をとっていたのは、ブライスの言葉をかりれば、「裁判所が世論のタッチを感じている」からである。元来、この時代の経済統制立法は、農民が鉄道運賃の高いことが農産物の価格を圧迫し、彼等の経済的困窮の原因となっていると考えたところに端を発している。農民の利益を代表する、あるいは少なくとも農民の御機嫌取りをしないと当選のむずかしい議員たちが、州の議会に出てこういった法律を作ったのである。裁判所は、それに表現された感覚と同じ感覚を、この問題についてもっていたといっていいだろう。

ところが南北戦争後二、三十年たって、資本主義の発展がかつてみない程度に達し、いわゆるage of empire buildersが到来すると共に、ロックフェラーやハリマンやカーネギーが政治を動かしているのではないかという疑いのもたれるような事態が生じて来る。ビアードの言葉をかりれば、「政策や立法や裁判所の議論は、石油業者、運送業者、精製業者の利益と結びつけないでは理解できない」ようになったのである。このようにしてついに、マン対イリノイ事件の判例は、一八九〇年のミネソタ鉄道運賃事件でくつがえされることになる。鉄道運賃が適正であるかどうかの認定を行政委員会に一任し、それ以上司法裁判所で審査することはできないということをきめた州法は、修正第一四条に違反するという判決なのである。

裁判所のこういった態度は、労働保護立法の問題になって、さらに一歩を進めることになった。もっともこうはいっても裁判所の見解は、断乎として一つの方向に行ったとはいえない。というのは、時代の思潮というものが絶えず、こういう方向への転換をおさえているからである。例えば中西部に起った進歩主義の運動とか、アプトン・シンクレアの『ジャングル』やアイダ・ターベルの『スタンダード石油会社史』などのようないわゆる暴露《マック・レーキング》ものだとか、それから、民主党の大統領ウィルソンの「新しい自由」とかいったような思想がそれで、こういうものが強くなると、裁判所も一方的に経済社会の強者に味方したような判決ばかりしてはいられなくなる。しかしそれでも裁判所は、いくつかの労働保護立法を違憲と判決して、社会の攻撃を受けた。この中で有名なものをあげると、一九〇五年のロックナー対ニューヨーク事件では、パン焼労働者は一日一〇時間以上労働させてはいけないということを規定したニューヨーク州法は、使用者の自由を適法手続によらないで奪うものだから違憲で無効だといっているし、一九二三年のアドキンス対小児病院事件では、コロンビア特別区の婦人と少年の最低賃銀を定めた法律(これは連邦の法律だから、憲法修正第五条が連邦についてきめている同じ制限にひっかかるわけである)は、契約の自由の原則を破るものとして無効だといっている。こういう考え方は、つまり経済の自由に干渉しようとする社会政策立法の方針を根本から否定しようとするもので、修正第一四条についていえば、まさに「陰謀説」の企図していたところなのである。

こういう国家による経済への干渉政策をもっとも徹底的に実行したのは、一九三〇年代になって、経済恐慌のあらしの中から生まれて来たニュー・ディールである。ニュー・ディールは民主党の新大統領ルーズヴェルトが、議会と国民多数の支持を受けて実行した政策であるのに、これが裁判所の問題になったときに、最高裁判所は、ニュー・ディールの基本法律を片っぱしから、無効と判決してしまったのである。裁判所の法令審査権――一三〇年も前にジョン・マーシャルが憲法にはっきり書いてないこの原理を宣言したいきさつを読者諸君はもう一度思い出してほしい――、これが、こんなにもはっきり、憲法解釈に関する国会や大統領の意見との対立となって現われて来た。これではこまる。たった九人の裁判官に、そんな重要な問題を最終的に決定する力を与えることは賛成できない。こんな声も起って来た。「九人の老人」に、国民の生活はにぎられているのだろうか。裁判所の違憲立法審査権の制度は、もう一度検討し直す必要があるのではないか。そこで大統領が裁判所改革案を出すとか、制度改善のいろいろな私案が考えられるとかいう騒ぎになった。この問題はしかし、最後にはまことにあっけない結末になった。それは、「九人の老人」は、いくら憲法の番人を以て任じていても、さすがに老人ばかりだから、つぎつぎと死んだり、引退したりして、結局、ルーズヴェルト大統領は、新しい裁判官を、自分の気に入る人材の中からえらび出すことができるようになったからである。

今日の最高裁判所についても、いろいろ問題がある。例えば、それは憲法の保障する基本的人権が守られるように、言論集会結社の自由や、思想の自由が守られるように努力しているかどうか、こういう基本的な権利を侵害して、思想や良心の自由を制限する法律ができた場合に、それを憲法の条項に照して違憲であれば、はっきり違憲と断定する精神をもち合せているだろうか。

この点では、九人の裁判官は、めいめいが独自の精神と判断とをもった別個の人格だということを忘れるわけにいかない。例えば、市民の自由の問題が起るとする。それが憲法の規定に合致するかどうかについては、絶えず判断の相違が起る。ある者は、自由に対する強い要求をもっている。ある者は、むしろ混沌をおそれ、秩序を尊ぶ。そこで具体的な問題が法廷に出たときに、どちらが憲法を正しく守るものであるかが争いになる。この問題の解決は、前にもいったように、憲法の真の精神を生かすものはどちらの方向であるかということに、根本的にかかっている。これは憲法そのものを作る力のあり方と関連し、憲法をこわす力のあり方とも関連する。そして同時に、憲法自身が作ったもろもろの憲法上の権力の中で、どれが、憲法の真の精神を正しくとらえ得る力の源につながっているかということになるのである。

4　明治憲法は誰がつくったか

(1)

さてここらで話を日本の憲法に移そう。日本における近代的意義の憲法の成立は、明治二二年(一八八九年)二月一一日、「大日本帝国憲法」の発布にある、と一般には考えられている。この日は朝から雪が降った。当時の新聞によると「午前六時は五寸計り積み、七八時に至りても尚ほ降り頻りたれば畏き辺にも嘸かし御難儀と推量り奉りしに宮中にても古今の大典、参列の面々も千載の一遇と思へば降る雪も積む雪も物の数ともせず、宮中には其御支度既に整ひ参殿の面々も時刻に先立ち我一にと参向ありたれば、午前八時には一同参着ある。八時に至つて紀元節御祝祭式を行はせ給ひ、群臣百僚予て仰出されし次第の如く着床、午前九時我叡聖文武なる天皇陛下には賢所に渡らせ給ひ、御玉串を奉り給ひ、御拝ありて恭しく憲法発布の御告文を奏し給ふ。其御告文は左の如し。……」とある（東京日日新聞）。

そして「群臣百僚一同拝礼御祭式の如く相済」んで後に、「聖上皇后両陛下正殿に出御あらせられ、天皇が高御座より勅語を下し賜つて、御手づから帝国憲法を内閣総理大臣に授けさせ給ふた」という。その日は旗行列、提灯行列が満都を埋めつくし、聖寿万歳、奉祝憲法発布などと書いた大のぼりが立てられ、大鯛の山車がねり歩いた。しかし一般民衆はその何ものたるかを知らなかった。「何でも天子様が絹布のはっぴを下さるそうだ」といって憲法の発布を喜んだという話は、実は事態の真相をよく現わしている。医師ベルツは、二月九日の日記に「全東京は、十一日の憲法発布の前準備のために、筆舌に尽し難き興奮の裡に在る。到る処、奉祝門・照明の準備・行列。併し滑稽なる哉、誰一人として憲法の内容を知らないとは！」と記しているが、要するに、それは少数の官僚の手によって秘密のうちに準備され、国民の関知しない高いところから、国民に授け賜わったものだった。天皇がまず、皇祖皇宗の神霊に告げる文を奏し、その後に、臣僚に対して勅語と憲法を授けているのは、この憲法の基本観念がどこにあるかをよくあらわしている。告文の中にもあるけれども、考え方としては、この憲法の内容は、皇祖皇宗の遺訓——つまり神々とその子孫とが、後世に残した訓え——を明らかにしたものに外ならないという基礎に立っているのである。ところが、憲法発布の時の上諭には、「朕カ親愛スル所ノ臣民ハ即チ朕カ祖宗ノ恵撫慈養シタマヒシ所ノ臣民ナルヲ念ヒ其ノ康福ヲ増進シ其ノ懿徳《イトク》良能ヲ発達セシメムコトヲ願ヒ又其ノ翼賛ニ依リ与《トモ》ニ倶《トモ》ニ国家ノ進運ヲ扶持セムコトヲ望ミ乃チ明治十四年十月十二日ノ詔命ヲ履践シ茲《ココ》ニ大憲ヲ制定シ……」とあるから、この憲法の直接の根拠は、明治一四年の詔なるものにあることがわかる。では、この詔というのはどんなものだろう。

この詔の出たのは、いわゆる明治一四年の政変というものを機縁としている。一四年政変は、当時参議として台閣に列していた急進派の大隈重信を野に下らせ、同時に伊藤博文の案になる詔を発したもので、その要点は、朕は夙《つと》に立憲の政体、すなわち近代的意義の憲法をもつ政体を建てたいと思っており、すでに元老院や府県会を設けたが、明治二三年を期して国会を召集し、朕が初志を成したい。しかしもしなお故《こと》さらに躁急を争い、事変をあおり、国安を害するものがあれば、法を以て処断するであろうというにある。

大隈が廟堂を追われた理由としては二つがあげられる。その一は、北海道開拓使官有物払下事件であり、その二は、大隈の国会即時開設論である。前者は、政府が一四〇〇万円以上を投じた北海道官有事業を、時価三〇万円と評価して、無利息三〇か年賦で、薩摩の政商五代友厚等に払下げようというので、新聞世論の猛烈な攻撃を喰った事件である。この事件が、自由民権運動と結びついて火に油をそそぐ勢いとなったことと、この攻撃運動の中心人物であった福沢諭吉と大隈とが親交があったこととが、それを上に述べたような形で解決させる理由となった。後者は、大隈がイギリス式の立憲政治を即時実施すべきだと主張したことで、大隈はその建議の中で、明治一五年末に議員を選挙させ、一六年首《はじめ》に国議院を開かるべきことと述べている。伊藤は、一方で急進派を排除して、自己の希望するような保守的な憲法を作ると同時に、その中に自由民権派の主張する立憲主義の諸原則を、少しばかりまぜ合せて、当面を糊塗しようとしたのである。そこで伊藤は、自らヨーロッパにおもむいてシュタイン、グナイストに学び、民主的な要求を抑えて、君権官僚の権力を中心とした憲法を起草するに至った。この事情は、明治憲法の性格によく反映している。明治憲法が、本質的に君権神授的思想に導かれて、上から授けられた憲法であるという形態をとっているにもかかわらず、その中には、多かれ少なかれ、近代立憲主義諸国の憲法の原則が織り込まれており、それらは決して完全なものではないけれども、立憲主義の要求を実現する手がかりとはなり得るものだったのは、そのためである。

明治維新以来の政治過程の中に、上にのべたような二つの力の対抗が本質的に存在していた。それらの展開を離れては、明治憲法の本質は明らかにならない。

(2)

明治維新というのは、どんな性質のものであろうか。徳川幕府は、憲法的な形態としては、天皇制ではあるけれども、天皇親政でなく、政権をことごとく幕府に委任して行わせていた。制度的にはいわゆる封建制であって、領土はすべて領主の所有するところであり(この権利を dominium という)、その土地所有権に伴って当然に支配権(これを imperium という)が認められ、従って百姓農民は、この土地を耕作することを許されると同時に、これに対して封建的地代支払義務を負わされていた。この領地は、幕府からさらに封建領主(大名)に封じられていたものである。明治維新はこの制度を一変して政治的には絶対主義、経済的には資本主義への転換の第一歩をふみ出したわけである。しかし経済的変革は極めて不徹底であったから、この絶対主義は、いつまでも政治的自由主義に転換することができず、後見主義的専制主義の形態を容易に脱することができなかった。

明治維新は複雑な過程を通っているが、そこではまず旧来の封建的な身分関係の解体——つまり封建的家臣団を解体して、従来、身分的な上下関係で結びつけられていたひとびとを、平等な市民関係に解体する過程――が注目されなければならない。慶応三年一〇月一四日徳川慶喜は、大政を奉還して、一応政治的には、集中的な政治権力を手離したけれども、幕府直領八一九万石は依然として握っていた。そこで中央政府は、経済的な基礎が極めて貧弱なままで発足しなければならなかった。明治元年鳥羽伏見の戦から、江戸城開渡を経て、徳川家の家名断絶の後、それは新たに静岡藩七〇万石に封ぜられ、幕府の家臣の中で静岡藩士になったもの（外に朝臣になったものもある）は引続き家禄を給せられたけれども、その他の者は禄を喪失した。明治二年の版籍奉還によって、藩主はいずれも治藩事となり、藩主の政治的な権力の基礎は封建的所領に基づくものでなく、たんに、中央政府から命ぜられて旧藩の地域を支配するものに変じたけれども、家禄は現在十分の一となり、家臣の禄も同じく減額されながら、いずれも存続した。このような有名無実の版籍奉還を、一応現実的なものにしたのは、明治四年の廃藩置県で、これによって封建的な藩は消滅し、これに代って中央政府の地方行政区画である県が置かれた。これで封建的土地所有は形の上ではなくなり、官吏はすべて中央政府から支給される給与――その名前は依然として家禄と呼ばれていたが、しかし実質的にはもはや土地所有と結びつかない――をうける者に転化した。翌明治五年二月の太政官布告が国民の地所永代売買所持を公許し、土地の単純な私有（支配権と結びつかない）が行われるようになったのは、その自然の帰結である。このような封建的所有権の収奪の過程が、いかに平和的に行われ得たかということは一つの問題であるが、それを詳細に述べる余裕はない。しかし少なくともこの過程で予期される旧封建領主家臣の反抗を鎮圧するためには中央政府自身の軍事力が必要であったことは明らかで、これが明治政府の軍事化の核心になる。

しかしこの封建的土地所有者は、フランスにおけるように無償ですべての土地を没収されたのではなかった。それらの旧諸侯武士の家禄は、縮小されながらも、中央政府の財政負担に転化されて残っていたのである。そこで一方では中央政府が、その弱い財政的能力をもってしては負いきれないこれらの家禄を整理することが重要な課題となると同時に、他方ではこの整理の過程で新たに資本化された富を、銀行、株式、不動産などに投資することによって、旧封建的支配者は財閥と手をにぎることになった。中央政府による封建的権利の処分は、禄高奉還と資金下賜――秩禄公債下賜や官有地半価払下を含む――として行われ、続いて家禄の金禄への転化として完成されたのであるが、この際、大領主は巨額な資金を受けたのに対して、小領主以下の受けたものはいうに足りなかったことを覚えておく必要がある。

ところでいったい封建制度を打倒して、新しい中央政府を作り上げた力は何であったろう。その推進力は、薩長二藩を中心とする下級武士にあったのであるが、これに欧米の近代諸国を生み出す力となった公議世論の思想が結びついて、明治元年には、すでに従来の幕府体制をうちこわしたあとに、三権分立と官吏公選の制度を設け、明治二年には実際に官吏の公選入札を実施するまでにいたった。しかしこの公議思想は、まだ日本の国民の間にしっかり根を下したものではなかった。それはわずかに形式的にこんな制度を実施しただけで、実質的には藩閥官僚が実権を握る中央政府を築き上げてしまっていたのである。

中央政府がこのように確立するにつれて、これに不満を抱くものが現われ、それが相次ぐ乱となるが、政府は西南戦争の勝利を経てその地歩を確立する。しかし明治一一年、政府の中心人物である大久保利通が、公議を杜絶し、民権を抑圧するとの理由で暗殺されたのは、後の自由民権運動ののろしであった。翌一二年には自由民権運動はますます激しくなったので、政府は、明治一三年に集会条例を制定して、この取り締りを強化する。翌一四年が、前に述べた明治一四年政変である。これから憲法発布にいたる数年間は、一方では自由民権運動が猛烈な勢いでもえ上り、福島事件や加波山事件のような有名な事件をひきおこしていたが、他方、伊藤博文を中心とする藩閥官僚政府は秘密のうちに、憲法草案をねりつつあった。自由民権運動の中心となった政党は、自由党で、明治一四年一〇月の創立、総理板垣退助、副総理中島信行。これとならんで大隈は立憲改進党を組織する。同時に民間からいくつかの憲法草案が発表されて、いわゆる「私擬憲法時代」というものが来ることになるのである。

(3)

明治憲法を作った力はどこから来たか。上に述べた維新以後の政治過程を一瞥しただけでも、それが決して憲法発布の儀式の時に公に宣言されたように、天皇が神から与えられてもっていたものではないことがわかる。つまり一方では維新政府の性格となった軍事的官僚制の中心である藩閥勢力が、その権力をますます強化するために、天皇の神権的な存在を利用しようとしたことと、他方では、これらの官僚的勢力を、当時のことばでいえば「有司擅制」という名で攻撃し、自由民権を確立しようとした勢力の存在を無視するわけにはいかなくなったこととが、明治憲法を生み出したものとみなされねばならない。それであるから、明治憲法は、形式的には、天皇が、「祖宗ニ承クルノ大権」に依って制定し、これを臣民に授けたものであるけれども、実質的には、自由民権を要求する政治勢力が、近代的意義の憲法制定を主張することによって生れたものであることは否定できない。この勢力の本体はさまざまである。「ああ山林に自由存す」とうたった詩人の感傷から、「昔思えば、亜米利加の独立したるも蓆旗《むしろばた》、此処らで血の雨降らせねば、自由の土台が固まらぬ」と叫んで蜂起した民衆までその内容は複雑である。ただ問題は、それがフランスやアメリカにおけるように、組織された力となって、政治権力を奪取し、自己の要求を十分に憲法の文字の上に書き記すほど強くなっていなかったことにある。

だから明治憲法を守る力は、明治憲法の何を守ろうとするかによって違うし、同じように明治憲法をこわす力も、明治憲法の中の何をこわそうとするかによって違う。具体的に例をあげて考えてみよう。
明治の末年から大正の初年にかけて、日本の憲法学界を興奮させたものに、美濃部博士対上杉博士のいわゆる国体論争がある。この両博士の著書を対読玩味することをせざるものは、太刀山駒カ嶽の取組ある日、国技館に趨らざる者を角力狂といい得ざると同様、公法学に忠なる者というを得ず、と当時評されたほどの大論戦であった。美濃部博士はいわゆる国家法人説をとり、天皇機関説を主張する。美濃部博士によると、国家は一個の法人である。それは多数の人が集って団体をなし、その団体が統治権をもっているものに外ならない。この統治権を行使するためにいろいろな機関がおかれているが、その一つ、しかも日本では最高の機関が、すなわち天皇であるというのである。上杉博士は、これを激しく非難して、憲法の明文上炳《へい》として明らかなことは、「大日本帝国ハ万世一系ノ天皇之ヲ統治ス」という原則であって、それを曲解して、統治権の主体は天皇ではなくして、人民の団体である国家である、とするような説は、民主主義の思想を日本憲法の中にもちこもうとするもので、国体を破壊するものだと主張した。

この論争の本質は、明治憲法が二元的性格をもっているところから来ているのである。だからもし憲法の中にある君権主義的なものを立場にして、憲法全体を理解しようとすると、これと反対の原則は認める余地がない。上杉博士は、それを主張する。ところが反対に明治憲法の中の民主主義的なものを足場として、憲法を解釈運用しようとすると、これに反対する者こそ憲法の精神に反するものであるということになる。美濃部博士が、「専門の学者にして憲法の事を論ずる者の間に於てすらも、尚言を国体に藉りてひたすらに専制的の思想を鼓吹し、国民の権利を抑えて其の絶対の服従を要求し、立憲政治の仮想の下に其の実は専制政治を行わんとするの主張を聞くこと稀ならず」といっているのは、それである。だからこの論争は、実定法の解釈としては、どちらも根拠をもっていたということになる。どちらも根拠をもっていたとすれば、これらの学説の運命を決するものは、現実の政治的勢力の変遷である。大正のはじめにおけるこの論争は、一時は、官僚制政府の支持を受けて上杉学説が勝利を占めそうにみえたが、大正六年のロシア革命、大正七年のドイツ革命などによって、古い専制的君主がつぎつぎと姿を消すと共に、この民主主義思想は、東洋の君主国の岸辺にもほうはいとして押しよせて来て、ついに大正八年には、政府は東京帝国大学に憲法講座を増設し、従来の上杉博士の憲法の講義とならんで、新たに美濃部博士がこの競争講座を担任するという事態となった。この時の内閣は、米騒動(大正七年)のために倒れた寺内大将内閣のあとをうけた平民宰相原敬の政友会内閣であった。もっともこの内閣の性格も単純でなく、一方では、普通選挙法案を握りつぶしたり、当時の東京帝国大学助教授森戸辰男をクロポトキンの無政府主義思想研究のため起訴するなど、自由への要求とは正反対の行動に出ていたことを忘れてはならない。しかし少なくとも、それは政党内閣であったが、この後、またしばらく軍人官僚の内閣が続いたのち憲政会の加藤高明内閣になって、ついに普通選挙法が成立し、明治憲法の下で、この憲法に内在するわずかの民主的原理をほとんどその限度まで実現した。もっともこの政府は、普通選挙法と同時に治安維持法を制定して、国体を権力的に守ろうとしたことを見落してはならない。ここでいわば自ら廻る焔の剣によって守られようとしている国体が、明治憲法のどの原理であるかは繰返していうまでもない。このように一方では明治憲法の下でその極限まで展開された民主的原理に対して、他方、国体を基本としてこのような民主的勢力の台頭に対抗していた軍人官僚的勢力は、ついにそれを阻止することができないことを知って、直接行動に出るようになった。昭和三年の最初の普通選挙で、労農党から山本宣治、水谷長三郎の二人が代議士に当選したが、山本は翌四年の春、議会開会中、旅館において刺殺された。昭和五年には東京駅頭で浜口首相が狙撃されている。翌六年の三月事件は計画だけに終っているが、その秋には満洲事変が起り、続いて十月事件(錦旗革命事件)が計画されている。そうして昭和七年五月一五日、晴れ渡った日曜日の夕刻、官邸で書類を読んでいた内閣総理大臣犬養毅の頭を、ピストルの弾が貫通するとともに、明治憲法の中にある民主的な部分もまた死んでしまった。美濃部博士が、かつてのその天皇機関説の故に、貴族院を追われ、学匪とののしられ、ついに暴漢の凶弾を身に受けなければならなかったのは、全くそのためである。

このようにして明治憲法の非民主主義的な部分は、天皇の名において他の部分を喰い尽すとともに、自分自身もまた、そのようにして生れ出た非民主的な勢力のため、その身を蝕まれなければならなかった。原田日記の中に西園寺が暴力的な傾向を憂慮して、「たとえば神武天皇の後を承けられた綏靖天皇は、実はその御兄君を殺されて、自分が帝位につかれた……周囲がそういうところにもって行くようなことになると、これはまことに判らない。まさか今日の皇族にそういう方々が、どうこうということは無論あろう筈がないが」といったと記されているのは、結局、この傾向が、君主主義的な憲法的秩序そのものさえも破壊してしまう結果になりやすいことを指摘したものである。明治憲法は、天皇神格化の観念の上に立っていたけれども、しかしそれはやはり一つの秩序としてでなければ存立できない。天皇神格化が、秩序を超え、秩序の上にある絶対者にまで発展すると同時に、それがこの秩序に基づく存在としての天皇を否定することになるのは当然である。尾崎士郎の『天皇機関説』には、天皇は侍従武官長に対して陸軍大臣の答弁を指先きでおさえながら「軍の配慮は自分にとって精神的にも肉体的にも迷惑至極である。機関説の排撃がかえって自分を動きのとれないものにするような結果を招くことについて慎重に考えてもらいたい」「おそれながら、軍においては陛下は現人神として信仰申上げております。これを機関説によって人間並に扱うがごときことは軍隊教育、ならびに統帥上至難のことと心得ます」という問答が伝えられているが、天皇主権説をとった場合でさえ、憲法の上諭は、「朕及朕カ子孫ハ将来此ノ憲法ノ条章ニ循《シタガ》ヒ之ヲ行フコトヲ愆《アヤマ》ラサルヘシ」といっているのであって本来、憲法的秩序を尊重する誓約をしていたのである。

しかしこのようにして、明治憲法に内在する君権主義的要素が、憲法のわくをこえて発展してゆき、八紘一宇の思想となり、全世界はあげてことごとく天皇の御稜威《みいつ》の下に治められるべきものであるということになって、侵略の戦争がひろげられてゆくにつれて、日本の運命は、次第にあやうくなって来た。憲法は停止はされなかったが、臣民の権利自由を保障した条章は、ないのも同様の有様となり、議会もまた存在は続けていたが、いわゆる翼賛議会となって、批判論議の場ではなくなり、ただ名のみ存する主権者天皇の周囲に、軍人官僚の指導者が実力を揮って、ついに、敗戦の日まで、天皇制護持を叫びつづけながら、自分の墓穴を掘っていた。

5　日本国民は、この憲法を確定する

(1)

昭和二一年二月はじめのある朝、マッカーサー司令部民政局の首脳将校たちは、会議室に召集されて、局長から次のような訓示を受けた。

「紳士ならびに淑女諸君、これはまさに歴史的な機会である。私はいま諸君に憲法制定会議の開会を宣する。

現下の日本における最も緊急な問題は、憲法制定である。しかるに日本側によって準備された草案のすべては全く不満足なもので、総司令官は、今や自分が介入する必要があると感じられるにいたった。かくて我が民政局は新憲法を起草すべき命を受けた。日本側の全く意表をつき、彼等が効果的な反抗を企て得ぬようにするため、極度の迅速と機密が要求される。」

ここで局長は、マッカーサー元帥が新憲法中にとり入れることを望んでいる三つの原則を読み上げた。

一　主権は国民のものとされ、天皇は国民の基本的意思に応えるものであると定めること。
二　日本は戦争を放棄し、軍備を廃し、再軍備しないことを誓うこと。
三　封建制度は廃止されること。

そうしてこの憲法制定会議の仕事は、二週間でおわり、二月一三日には、このようにしてでき上った憲法草案が、総司令部から日本政府につきつけられた。これが三月六日、当時の幣原内閣の手で発表された「憲法改正草案要綱」の原形である。このインサイド・ストーリーは占領中あまり明白ではなかったが、総司令部検閲時代の末期にベスト・セラーとなり、今でも売れ続けているマーク・ゲインの『ニッポン日記』は、それをかなりジャーナリスティックにではあるが始めて上のように興味深くのべた（日本国憲法制定過程は、最近とみに明確になった。アメリカ側のみたものとしては、総司令部の『日本の政治的再編成』（憲法制定過程の章については宮沢教授の邦訳がある）、高柳賢三・大友一郎・田中英夫編著『日本国憲法制定の過程――連合国総司令部側の記録による』〔第一巻第二巻一九七二年　有斐閣〕、日本側のみたものとしては佐藤達夫氏の『日本国憲法成立史』〔第一巻一九六二年　第二巻一九六四年　有斐閣〕、および田中英夫教授の『憲法制定過程覚え書』〔一九七九年　有斐閣〕が権威あるものである。本文のマ元帥三原則についても正確にはこれらを参照して頂きたい）。

(2)

ところでこのことは、日本国憲法を作った力は、外国の占領軍で、それが、あまり気のすすまない日本人に上から命令的に押しつけられたというだけのことを意味しているのだろうか。決してそうではない。問題は、そんなに簡単なのではない。

このことはいろいろな面から考えてみる必要がある。第一に、この憲法の内容となっている多くの規定は、決してあれやこれやの草案起草者個人の趣味や希望から取り入れられたものではない。むろんそういう疑問を抱かせる部分が全くないとはいえないであろう。しかし規定の全体を通じて理解されることは、それが前文にのべているように「人類普遍の原理」に立っているということである。人類普遍の原理に立っている以上、個々の規定は、それの具体化であって、決してばらばらな個人の要求を盛ったものではない。もっとも、「人類普遍の原理」とここでいっているものも、文字通り時代と場所との区別なく人類にあまねく通用している原理という意味ではない。通用すべき原理ではあるけれども、通用していた、また現に通用している原理ではないのである。それは、その原理が唱えられはじめたときに、これこそ人類普遍の、時と所との差別なしにいたるところに通用すべき美しい原理であると主張されたものに外ならない。では、いったい、いつそんな原理が人類普遍のものとして主張されたのか。

例えばアメリカの独立宣言をみると、その中には、「自然と自然の神の法則」という文字がみえる。「彼等はその創造者によって、一定の譲ることのできない権利を賦与された。これらの中には生命、自由および幸福の追求がある」とも書いてある。フランスの人権宣言は、「すべての政治団体の目的は、人間の自然で、時効にかかることのない権利を保持するにある」という。このようにいわゆる天賦の人権、自然の諸権利というものは、一定の時、一定の場所で生れたものではなくて、およそ人間が人間である限り当然もつべきものであると考えられているのであった。これはしかし歴史的には、人間を身分的に拘束している封建的秩序に対して、自由と平等を基本原理とする近代市民社会の誕生を求める戦いの合言葉に外ならない。そしてそれこそまさに、人間の身分的階層秩序、基本的には君と臣との二つの身分、しかし同時に臣民の内部に無限に多数の上下の階層関係を予想した明治憲法下の秩序からの、日本人の解放のしるしだったのである。

これは歴史的にみても事実といってよい。現に、「日本国国民を欺瞞し之をして世界征服の挙に出ずるの過誤を犯さしめたる者の権力及び勢力は、永久に除去せられざるべからず」というポツダム宣言の受諾を日本に要求したのは、「蹶起せる世界の自由なる人民の力」であることは、この宣言が明記しているとおりである。つまりこれをもし革命と呼ぶことができるとすれば、それは外からの革命であったわけだ。その意味で、この革命憲法が、下からの革命によるフランス憲法や、上からの革命による旧ドイツの憲法と違って、外からの力に支えられて生れて来たのは、むしろ当然である。そればかりではない。このポツダム宣言は、その中に、「日本国政府は、日本国国民の間における民主主義的傾向の復活強化に対する一切の障碍を除去すべし。言論、宗教および思想の自由並に基本的人権の尊重は、確立せらるべし」といっている。この条項の意味するところは、第一に、日本国国民の間にはかつて民主主義的勢力が存在したということと、第二にそれの発達を阻害していたのが日本の軍国主義的政府であったということと、従って第三に、この軍国主義的政府を排除するのが、新しい日本国政府の、そうしてまた連合国の目的であるということとである。もしこの認識が正しいとすれば、日本における新しい憲法を作る力が、あるいは少なくともその指導的な力が、外から来るものであることは、はじめから予想されていたものといわなければならない。

このように外から来た力を先頭に立ててではあったけれども、日本の民主主義的な勢力は、戦後の占領管理の下で、次第にその力を強化し、新しい憲法を支える力としての実体を備えるようになって来たのである。そのことを示す事実は、明治憲法の基本的な支柱であった天皇と天皇制とが、かつてのように神秘的なタブーに包まれた存在としてでなしに、自由な批判の対象として取り扱われはじめたところに見られるであろう。天皇が昭和二一年元旦の詔書で自らその神性を否定し、現御神としての性格をもたないことを声明したことは、明治憲法下に国民精神の根本を作り上げていた天皇絶対化の放棄として、極めて重要なる事実であった。この声明の最初の草案は、もしマーク・ゲインの記していることが間違っていなければ、やはり総司令部の一室で準備されたものである(これと反対の説もある。例えば平川祐弘『平和の海と戦いの海』第二部「「人間宣言」の内と外」)。しかしそのことは上に述べたように、もはや問題ではない。大切なことはこの観念が、今日では国民の多くの者にとって、日常の観念になって来ているということである。天皇の地方行幸についてのある記事に、次のような報告が出ている。「生徒を一時間くらい天皇の歓迎に歩かせて、作文を書かせた。そしたら一番頭のよい児、女の子だが、『私も大きくなったら、あいう大きな自動車で、日本全国を廻ってみたいと思います』と書いた。だから子供の感じ方はわれわれの思った程(引用者註——旧憲法的)ではないと思う。——同じような例でこれは小学校の五年生、『だれだれさんは、天皇陛下を拝むといっているが、おかしいね』といっていた」(『週刊朝日』)。

このように天皇がなんら神秘的な存在でなくなったということは、もはや国民の自由な批判を許さないどんな権力も存在しないということに外ならない。そして近代的思惟の帰結が本質的に認められているということに外ならない。いわば日本国民は、政治革命は、自らの政治的な未成熟の故に、外からの軍事的占領権力の助けをかりてなしとげたのであって、これこそ歴史的な意味では正に日本国憲法を作った力であったけれども、やがてその新しい政治的環境の中で、自分自身の精神革命を経験することによって、国民自身がこの新しい憲法を支持し、日々これを新たに作る力に成長したといわなければならないのである。民主的憲法を支えているものは、日々繰り返される国民投票――むろん現実的なものでなしに、観念的なものとしての――であり、それを予想しないでは、およそ国民が主権をもつということは成り立たない。そしてそのことは、憲法が、国民に対して、言論の自由、集会結社の自由、思想および良心の自由を保障することによって、基本的には確立されるのである。日本国憲法は、それを実現したのであるから、いわばそれはそれ自身を支える力を、自ら作り出しているといってよい。

それであるから、このような条件のもとで、この新しく成長しつつある力が、憲法を支えようとして努力している限り、憲法を現実に紙の上に書いた人が外国人であるかどうかということは決して重要な問題ではない。明治憲法が、シュタインやレースレルのようなドイツ人の意見に基づいてできたものでありながら、やはりそれを真実に支えていたものは当時の日本の政治的勢力であったと同じように、日本国憲法は、いかにそれがマッカーサーの忠言に基づいてできたものであっても、まさしく日本的なものであって、日本の政治的現実を抜きにしては考えられないものなのである。だから、憲法の前文が、「日本国民は、……政府の行為によって再び戦争の惨禍が起ることのないようにすることを決意し、ここに主権が国民に存することを宣言し、この憲法を確定する」と述べているのは、理論的には正当であるといわなければならない。では、このようにして生れた日本の憲法をこわす力は、いったいどこから来るのであろうか。

6 憲法をこわす力

(1)

日本の憲法についてこの問題を検討する前に、ワイマール憲法——あの、当時世界で最も民主的だと評された一九一九年のドイツ共和国憲法——が、どのようにして死んだかを少しばかり考えてみよう。一九三三年一月にヒットラーがなぜ組閣することができたかについては、ワイマール憲法によって「地球上における最も自由な国民」となったといわれるドイツ国民自身の判断に問題がないとはいえない。ヒットラーがあらゆる大衆心理動員の技術を用いたとはいえ、近代人としての自意識が一応は確立していたはずの国民が、それにやすやすと引きずられたのにはさまざまの社会的条件があったのであろう。しかしそれでもヒットラーの組閣はまだ民主的な手続きによって行われた。第一党党主として政権を得るや否や、ヒットラーは議会を解散し、続いて開始された選挙戦で、反対派のあらゆる活動に弾圧とテロリズムによる圧迫を加え、このようにして選挙に大勝利を得るや、一挙にいわゆる「授権法」――すなわち議会のもっている立法権をあげて尽く政府に委任するという法律――を制定し、これによってワイマール憲法を眠らせてしまったのである。ナチスが、このようにワイマール憲法を破壊するのに成功した理由はいろいろあるが、その中で最も重要なのは、一方ではナチ党そのものを基本として指導者への無条件的忠誠の観念を作り上げたこと――これは明白に作り上げられたものである。なぜなら近代国家の市民としてのドイツ国民にとって、ヒットラーだけが良心であるといったような服従の絶対性を公言することは、本来あり得ないことだからだ。この良心の転向の過程で、眼に見える、あるいは眼に見えない暴力がどんな働きをしているかを知るには、アーサー・ケストラーの『真昼の暗黒』や清水誠編『ファシズムへの道――ワイマール裁判物語』(一九七八年 日本評論社)、マウ、クラウスニック著、内山敏訳『ナチスの時代』(一九六一年 岩波新書)などを読むとよい――。そこでは、政治権力者が一般国民に対して言論集会のあらゆる自由をうばい去ってしまったのである。一九三三年二月の末、ヒットラーが政権を獲得してから一月とたたない選挙戦のさなか、警察は突然、共産党本部を襲い、その数日後の夜、国会の建物が炎上した。政府はこの火災は共産党員の放火によるものだと発表し、直ちに大統領の緊急命令を発して憲法の自由権の規定を停止した。これによって、身体の自由、出版、結社、集会、言論の自由の制限、通信の秘密の侵害、家宅捜索および押収命令、ならびに財産に対する制限は従来の法律の規定によらないですることができるとした。これが手はじめで、これから後、ヒットラー政府が思想の自由を抑圧するためにどんな手段を用いたかは、何人も知っているとおりである。この弾圧政策は、ユダヤ人と共産主義者というような国民一般が何となくうさんくさく思っている者を、いわゆる犠牲の山羊《スケープ・ゴート》としてその祭壇に献げることによって、たくみに遂行されたことに注意しなければならない。その反ユダヤ政策の非人間的なことは、真におどろくべきもので、筆者がかつてケルゼン教授から聞いた話では、教授の弟は、ユダヤ人であるというだけの理由で、ゲシュタポに逮捕され、しばらくして警察から、留守宅の夫人に一枚のハガキが来た。それには、貴下の夫は、当署において死亡した。別便で遺骨を送ったから受け取られたい、ときわめて事務的な文字が書いてあったのだという。

　われわれは、このような経験から学ぶところがなければならない。ワイマール憲法は、往々にしていわれるように、自由を許し過ぎたために死んだのではない。むしろ批判の自由を十分に用いて、正しい政治的な方向づけをすることができなかったために死んだのである。そのような経験を無にしないためには、何よりもまずわれわれの憲法の下でも、思想の自由、良心の自由を確保することが大切である。もし何人でもこれらの自由を失わせることに成功するなら、その者はかならず、この憲法をこわす力となり得るだろう。いやそこまで行かないでも、憲法の保障している自由は、まさにこの憲法の本質的な部分なのである。それは憲法のことばでいえば、「この憲法が日本国民に保障する基本的人権は、人類の多年にわたる自由獲得の努力の成果であって、これらの権利は、過去幾多の試錬に堪え、現在及び将来の国民に対し、侵すことのできない永久の権利として信託されたものである」(憲法第九七条)。だから、もしこの権利が無視されるようなことがあれば、それこそ憲法そのものの破壊なのである。

(2)

少し例をあげて考えてみよう。新聞の伝えるところによると(『ニッポン・タイムス』一九五二年二月六日)、アメリカ労働総同盟(American Federation of Labor)は、「国際自由労働組合ニュース」誌三月号の巻頭論文で、次のように述べているという。「日本政府は、共産主義者の破壊的行為に対する防衛ということを、労働者の基本的な市民的自由を圧殺するのに用いる傾向がある。」そこで総同盟は、マシュー・リジウェー将軍(トルーマン大統領によって罷免されたマッカーサー元帥に代って占領軍総司令官に任命された)に訴えて、「多くの面で日本の勤労大衆にとっての新しい措置が行われることを可能にした、マッカーサー元帥によって導入されたところの、すぐれた、そしてまた人間的な諸政策を、そのまましっかり維持してほしい」と述べている。このことは、新しい憲法をつくった力、それを支えている力が、主として世界の自由な諸国民の団結にあるということ、そしてそのような憲法をこわす力が、かつてナチスにおいてそうであったと同じように、共産主義の危険に対処するということを口実にして、国民の奪うことのできない基本的な権利を破壊するところにはじまることを、よく示している。思想の自由の弾圧がどういう形で行われるかを、わが国でも問題になったいわゆる治安立法を例にとってもう少し具体的に考察してみよう。

治安立法として制定されようとしたものはいくつかあるけれども、その重要な法案の一つに、団体等規正法案というのがあった。この法案に対しては、各方面からはげしい反対の声が上った。例えば、新聞法制研究会ではこれについて、「政府官憲を国民の主人とし、国民が政治に関心をもつことを犯罪視するかの如き傾向をもつことにあくまでも反対する」といっているし、東京弁護士会の意見書もまた、「政府原案は、平和と民主主義の美名にかくれて特高警察の再現と民主憲法の骨抜きをはかるものといわざるを得ない」と断定している。ではいったいこの法案は、どういう規定をしようとしていたのであろうか。

この法案でまず第一に問題になったことは、政治団体の公開という表題のついた規定である。公開というのはなかなか美しいことばで、もし政治がガラス張りの中で行われ、いまわしい闇取引や待合政治がなくなれば、これほど明朗なことはないということは、もとより疑いをいれない。そういう公開を、この規定は要求しているのだろうか。しかしむろんこんな一片の法律で、現在の大政党が、その内幕をすっかりさらけ出すだろうということを真面目に考える人はないだろう。この規定は、普通の政党にとっては、ただ形式的に、名称や目的や幹部、構成員、機関誌といったようなものを届け出るに過ぎない。ところが、個人の立場からいうと、自分がどの政党、どの政治団体の構成員であるかということを公表させられることが、彼に対する不当な圧迫をもち来す結果になることは、今日の日本の実情からいうと目に見えている。筆者はかつて東京都台東区——もとの上野と浅草——で総選挙の実態調査に参加したことがあるが、その時いくつかのこういう実例を見聞した。例えば、ある調査員が、選挙の一〇日前にインタヴューした時には、B党に入れるつもりですと答えたある町工場の労働者が、選挙直後に訪ねた時には、首切られてもうそこにいない。「B党に入れるような奴は、家においとくわけにゃいきませんよ」と主人は空うそぶいていたという(『朝日評論』一九四九年四月号「総選挙の実態」二四頁)。「大通りに面したある喫茶店で、レジスターにいる若い女の子に、『何党を支持しますか』と問えば、即座に『B党です』と答えた。ところがこれを聞きつけた奥のマダムが、『チョット、チョット』と手まねきで彼女を呼びつけたかとおもうと、やがて帰って来た彼女の口から出たのは、何と『アノ私、やっぱりA党にします』という言葉であった」(蠟山政道編『政治意識の解剖』四九頁)というエピソードもある。これらのエピソードの教えるところは、日本の社会には、市民の政治的活動の自由を拘束する社会的な強制力があるということである。この強制力は、たとえば解雇といったような方法で、政治的自由をおびやかすことができる力であるが、それに対する弱者の一番いい抵抗の方法は、個人の政治的活動を秘密にしておくことである。秘密にすることに伴う暗い面もむろんないではないが、しかしそれが直接、強い権力によって圧迫をこうむることがないようにするためには、弱者にとって、これが一番いい方法である。日本国憲法第一五条が、「すべて選挙における投票の秘密は、これを侵してはならない。選挙人は、その選択に関し公的にも私的にも責任を問われない」としているのは、まさしくこの精神を述べたものである。そうしてみると、国民の政治的活動を公開させようというこの種の取締規定は、その一見立派な目的にもかかわらず、実は、政治的自由を抑圧し、憲法の精神をこわしてしまうものとなるであろう。

第二の問題は、この法案が、不法活動として取り締ろうとしているものの範囲である。それは基本的には、内乱利敵騒擾といったようなすでに刑法の禁止している行為であって、その範囲では、むろん改めて問題になるわけではない。問題になるのは、この法案は、このような刑法で禁止された行為を効果的に取り締ろうという趣旨で、その周囲に、おそろしく広い網をはったことである。つまり、刑法の禁止した右の行為そのものを問題にするのでなくて、このような行為をなすことを共謀し、企て、共謀しもしくは企てることを助け、そそのかし、助けあおり、またその実現に寄与する意図の下に、その正当性を唱道し、もしくはこれを唱道することを企てること、を問題にしようというのである。しかしこれはいかにも範囲の広い思想取締法といわなければならない。社会思想というものの歴史を知っている人なら誰でも、これがどんなに危険な取り締りになるかわかるであろう。新しい思想、社会の不義不正を改革しようとする思想はいつの世の中でもつねにその時代の権力者から、社会の秩序を紊し、内乱騒擾をひきおこそうとするものであるという烙印をおされていた。土地も家屋もみんな国有で、私有財産のないユートピアをえがいたトーマス・モーアが、それだけでイギリス国王ヘンリー八世の逆鱗にふれて、断頭台上で首を切り落されたくらいだから、政治権力者というものはこのような改革思想をどんなに嫌っているかがよくわかる。ことに今日のような二つの世界のきびしく対立しているところでは、どんな思想でも、反対派となれば、ソ連の第五列などといわれないものでもない。これが政治上の相手を倒す一番かんたんで、効果的な武器だからである。そうすると、そういう運動の「正当性」を唱えたとか、唱えようと企てたとか——唱えようと企てるというのは、手帖のはしに、ソ連の平和政策は正当だと思う、と書いただけでも、この規定で取り締ろうと思えば、取り締れることを意味する——いうことが不法活動になるわけである。これは、かつての治安維持法の再現である。友人と話をするのにさえ気をつけなければいけない、あのドストエフスキーをすらシベリアの牢獄へおくったような、陰鬱なロシアの専制政治をまざまざと思い出させるではないか。これは憲法の精神ではない。

ところがこれだけではない。もっとひどいことが書いてある。例えばあなたが社会思想研究会といったような団体に入っていたとする。そしてその団体が、不法活動――この範囲は上にいったようにあいまいである――を反復して行ったという理由で、集会や出版物に条件をつけられ、あるいは集会や出版物を禁止するという処分をうけたとする。この団体の役職員であった者は、就職制限の指定、つまり追放処分をうけるであろう。それだけならまだいいが、この団体が不法活動を行うことを目的とするものであること、または不法活動を行い、もしくは行ったものであることを知りながら、その構成員であった者は、やはり追放の指定をうけるかも知れない。それればかりではない。この場合一番問題になる、あなたが、その団体が不法活動というこのあいまいな活動を行うことを目的とする団体であると知りながら、その団体に加入したかどうかという事実については、特別審査委員会という一種の行政委員会の認定が最終的で、これを立証する実質的な証拠がある限り、裁判所を拘束することになっている。つまり国民は、自分たちの権利や自由に関連するこんな基本的に重要な事項について、もはや公正な裁判所で裁判を受ける機会をうばわれてしまうことになる。これでは何といったって、憲法の保障する自由の精神とは相いれない一種の恐怖政治になってしまう。ある教育家が、一時期のアメリカにおけるこのような恐怖政治の下での気持をのべてこういっている。――私は毎日ビクビクしていなければならない。「母の日」の運動に参加しようという場合にも、幹部の中に、誰かにらまれている人物がいはしまいかとよく考えてからでないと、うっかり賛成することもできない、と。(実際に成立した現行の破壊活動防止法は、この法案ほどひどくはないが、国民の基本的自由を制限している点では、本質的に同じ問題を含んでいる。)

(3)

これはほんの一例に過ぎない。しかしこのような思想の取り締りが、憲法の保障した貴重な自由を根こそぎくつがえしてしまうのである。自由というものは、いつでも、それを必死になって守ろうとする貴重な努力に支えられてのみ存在しているものであって、決して、自然にそこに存在しているというものではない。ラスキのことばをかりれば、「敵は自由を破棄することにきゅうきゅうとしている。われわれが、結束してそれを阻まぬ以上、彼等は成功するに違いない」のである。そこに憲法の保障した自由が、決して憲法だけによって保障されているのではなくて、憲法の保障を絶えず実現しようとしている社会的な力によって、真実に保障されているのであるということが示されている。かつてドイツの社会運動家フェルディナンド・ラッサールは、『憲法の本質について』の中で、「軍隊の服従している国王と、そうして大砲――これが憲法の一片である」といった。それはたしかに憲法の一片ではあるけれども、その全部ではない。そのもう一片の方はこれらの権力から解放されて自由になることを要求する社会的な勢力である。いわば憲法は、これらの力の対立の上に立っているのである。それであるから、もし、自由を要求する力が弱くなれば、それがたちまち反対の力によってすっかりくずされてしまうことは、疑いをいれないであろう。

もう少し例をあげて考えてみよう。京都市公安条例によると、集団示威運動を行うには、あらかじめ市公安委員会の許可をうけなければならないのに、不許可になったにもかかわらず市内の公園に集合し、これを制止しようとした警察官の公務の執行を妨害したという事件がある。この事件の判決(昭和二六年一〇月二六日、京都地方裁判所)は、右の公安条例は違憲であるとして、その理由を次のように説明している(同公安条例はのち昭和二九年に全文改正された)。「新憲法下に於ける基本的人権が侵すことのできない永久の権利として規定せられ(憲法第一一条、第九七条)、立法によっても妄りに制限されないものであることは、今更多言を要しない。尤も憲法第一二条、第一三条の規定の趣旨から見て、基本的人権と雖も絶対無制限ではなく、常に公共の福祉によって調整されなければならないと解せられるが、公共の福祉の見地から基本的人権を制限するは真に已むを得ない場合に於て、これに必要な最小限度に止まるべきであって、公共の福祉を常に優先的なものと考え、右限度を越えて広範に基本的人権を制限するが如きは許されないものと言わなければならない。憲法第二一条が保障するところの言論、出版、集会等表現の自由(行進及び集団示威運動は表現の自由の一つである)は、思想、集会、集団行進又は集団示威運動の実施が、公共の安寧秩序を保持する上に直接危険を及ぼすと明らかに認められる場合の外はこれを許可しなければならないと規定し、許可することを原則としているけれども、これを理由に、許可の対象を如何に広範ならしめてもよいということにはならない。蓋し許可の対象が広くなればなる程、国民の集会等の自由は一行政機関たる公安委員会の掌中に握られる範囲が広くなり、特に公安保持の名の下に正当なる集会等が禁止せられるかも知れない危険性、或は可能性の範囲が拡大せられ集会等の自由権が不安定のものとなるからである。尚、同条例はその濫用を防止するため特に前文に於て『この条例は占領政策に違反する行為又は社会不安を醸成する行為を未然に防止しようとするものであって、勿論日本国憲法の定めるところによる集会をなし又は行進を行う等の国民的権利をいたずらに制限し或は否定するものではない』といい、また第六条において『この条例の各規定は、……を禁止し、……を監督しもしくは……を検閲する権限を、公安委員会、警察職員又はその他の市の職員に与えるものと解釈してはならない』と規定するも、これによって本条例の違憲性が払拭せられるものとは解し難い。以上の理由によって京都市公安条例は違憲の条例にして無効なりと認めるものである」(最高裁判所は現行のいくつかの公安条例を合憲と判決した。昭和三五年七月二〇日および昭和五〇年九月一〇日大法廷判決など参照)。

この判決は、つまり裁判所が法令の憲法違反であるかどうかを決定する権限をもっていることを、その発動した具体的な事件を通して例示しているわけである。裁判所が、憲法に違反し憲法の定めたところをこわすような力を、立法府が行わないようにしようという考え方は、考え方としてはたしかに一つの意味をもっている。ことに日本の現在の実情のように、立法機関の構成について、果してそれが憲法の基本的精神を守り得るような性格をもっているのかどうか疑わしいような場合には、裁判所のこの力は、憲法をこわす力に対して、憲法を守るものとしての意味を十分にもっているといえる。しかしいったい立法府が憲法をこわす力になってしまうというのは、どういうことなのか。国民の間から、自由で平等な選挙によってえらばれて来た議員、立憲主義の長い歴史をみても、国民を代表し、国民のために立法に参加するという性質をもっているとみていいはずの立法府の議員が、どうして、法律が憲法に違反するかしないかを、最終的に決定する力を与えられないのか。

この問題の回答は、かんたんではない。もし真に、立法府が国民の意思を代表している場合には、それをさらに裁判所が審査するということは、国民の正しい意思の表現を、裁判所がおさえるという意味をもつに違いない。実際にもまたそのような意味をもっていたと思われるような歴史的事例がある。上に詳しく述べたように、アメリカにおける違憲立法審査制の歴史には、そのような問題がひそんでいる。では日本の場合はどうであろうか。

一番根本的な問題は、国民がその正当な利益を実現する途を、はっきり知っているかどうかにある。ポツダム宣言が、「日本国国民を欺瞞し之をして世界征服の挙に出ずるの過誤を犯さしめたる者の権力および勢力」といっているように、国民は、しばしば「欺瞞」されやすいものだということはまず前提として考える必要がある。そしてこのことは、憲法があらゆる表現の自由を十分に保障したようにみえる今日でも、国民が口にくつわをはめられ、目を閉じ、耳をふさいで権力者のさし示す方向へもくもくと歩き続けていた軍国主義時代と、本質的には違わないともいえるのである。なぜそうなるかといえば、それは、表現の自由、あるいは表現されたものに接触する自由、つまりあらゆるニュースや意見をのべ伝え、またあらゆるニュースや意見を見たり聞いたりする自由は、今日のようにマス・コミュニケーションの手段が、公私の大企業に独占されている時代には決してすべての者に平等に享有されているとはいえないからである。

(4)

一九三三年にフランス政界をゆり動かしたアレキサンドル・スタヴィスキー疑獄という事件がある。「政権の角逐だけで政治をやっていくこの国では、これと思う政敵をやっつけるためには、どんな手段でも選ばない。白を黒にする政治の宣伝の技術は、堂に入ったもので、一点、やましいところのない清廉潔白な人物でも、無恥無慚、ギロチンにでもかけるほかないような、完全な悪党に仕立てあげてしまう。いくらかでも常識のあるものは、政治家が口にする正義とか真実とかいうものは、どれほど空虚なものかということをよく知っている。この新聞は、二年前の総選挙に大敗して、社会党と急進社会党を眼の敵にしている共和党の機関紙で、今こそとばかりに書き立てているわけだろう」(久生十蘭『十字街』)。しかし、これはむろんフランスだけのことではない。どこの国でも、「白を黒とする政治の宣伝技術」が、主として新聞やラジオを使って、目にみえない力で、国民を金しばりにしてしまい、あらぬ方向へ引っぱってゆくことは、程度の差はあれ、必ず存在しているといわなければならない。

ごく手近な例をとってみても、例えば、政治団体の暴力行為に関する記事のようなものがある。爆弾製造組織が完成したとか、トラックで見張りをしていて、暴動の指揮をするとか、航空機のハイジャックをするとか、暴力行為に対する恐怖をあおるような記事が、新聞雑誌の紙面をかざることがあるが、それが真実であるかどうか、真実であるとした場合にも、その記事の大きさと事実の大きさとが正確に比例しているかどうかは、誰も知らない。判断する材料は、ほとんどないのである。逆に現在の議会主義的権力者が、その権力を保持するために暴力やその他の陰険な手段を使っているのではないかという噂が流れても、――この点についても上にあげたスタヴィスキー事件は実に面白い物語を提供している――それは一般新聞の記事にはならないことが多いし、これもどこまでが真実で、どこから先は嘘であるか判断する材料は全然ない。しかも、これらの流言と記事との間の抵触は、日に日にはげしくなってゆく。こういう場合には、大多数の国民をひきずってゆく力は、新聞とテレビが独占しているといわなければならない。そして一番いけないことに、日本国民の間には、新聞や雑誌の記事をうけうりする習性はあっても、それを批判する訓練は全然できていないのである。筆者の会ったあるアメリカの教授は、こんなことをいった。「Tという雑誌は、都合のいい雑誌である。われわれは、その記事の何パーセントがうそであるかをはじめから知っているからである。読む時に、ひとは、絶えずそれだけの割引をしていればよい。」もう一人の教授もいう。「その通りだ。しかしNは厄介な雑誌である。あれには、極端にうその入った記事と、かなり真相に近い記事とが混在していて、それを見分けることは容易ではない。」これらのことばが正しいかどうかは、筆者には判断する材料はないし、そのことは実は問題ではない。問題なのは、マスコミのニュースは、客観的なように見えていて、実は、その中に多くの作為が入っているということである。そうしてその作為は、十分に、無批判的な国民をひきずって、あらぬ方へつれてゆくことができるということである。もう一度ポツダム宣言のことばを思い返してみよう。「日本国国民を欺瞞し……過誤を犯さしめたる者の権力および勢力は、永久に除去せられざるべからず。」しかしはたして、日本国国民を欺瞞する力が、永久に除去されたであろうか。それが問題なのである。

そうしてもし、そのような力がまだ十分に除去されていないとすれば、そのような力に導かれて、国民が、自分たちの利益を真に代表しない勢力を投票で支持し、それらの希望するような議会を作ることは、ありがちのことである。もしそういう結果が生れて来た場合には、そこで作られる法律が、憲法の保障する基本的人権を侵害するということもあり得ないことではない。いなむしろ自然そうなるに相違ない。例えばもし上に述べたような内容をもつ団体等規正法のような法律が、立法府の手で作られるということがあるとすれば、それは、明らかにそのためといわなければならない。公安条例を制定した地方議会の性格についても同じことが問題になる。そうしてそのような場合に考えられるのは、この法律を再審査する手続きでなければならないだろう。

裁判所が、国や地方公共団体の議会の制定した法律や条例を、審査して、それが違憲ではないかどうかを決定する力を与えられるという制度は、こういう実情を背景にして考案してみると、憲法を守るために大きな意味をもっていることがわかる。

けれども、これらの多くの権限の間の関係は、社会的条件のいかんによって、決して一律ではない。同じ国の同じ憲法の下でさえ、時と場合によって、同一とはいえないであろう。ただいえることは、これらの権限が行使された場合の意義をたえず反省して、それが、いつでも正しくそのおかれた地位に、あるようにすることである。ニュー・ディール立法の一つである農業調整法を無効と判決した一九三八年のバトラー事件の判決の中で、オーエン・ロバーツ判事は次のようにいった。「議会は、基本法(憲法)の与えた権限の範囲を忠実に守っているに相違ないという推定は、いくらでもしてよい。裁判所は、どんな法律でも、憲法に違反していると判決することは好まない。けれども、わが国の憲法構造の下では、法律が、憲法の与えた権限の限界を守らなかったという主張を市民がした場合に、その訴えが聞かれる場所は、外にはない。……そして法律が明白に、憲法の述べている原則を侵害している場合には、われわれが、そのことを宣言しなければならない。」この見解は、抽象的には正しいし、ことに今日の日本の場合にも、十分あてはまる考え方であるように思われる。しかし上に詳しく述べたように、アメリカの社会と歴史が当面していた問題を解決するためには、この方法が正しかったかどうか、多少疑問である。この同じ事件の少数意見の中で、ハーラン・ストーン判事が、次のようにいっているのを、われわれは十分吟味してみる必要がある。ストーンはいう。「法律を違憲と宣言する裁判所の権力は、判決を指導する二つの原理に服しなければならないもので、司法的意識をもつ者はそれを決して忘れてはならない。その一は、裁判所がもっているのは法律の適憲性を判定する権限だけであって、決して、法律が賢明であるかどうかということではないこと。もう一つは、執行部や立法部による権力の違憲な行使は、司法的抑制に服するのであるが、われわれ自身の権力の行使に対する唯一のチェックは、われわれ自身の自制の意識だけであるということである。賢明でない立法を、法令全書から取り去ろうとする場合には、裁判所に訴えるべきではなくて、投票と、民主的政治過程に訴えるべきである。」

ストーン判事のこの意見を読んでみて気がつくことは、そこに投票すなわち民主的政治過程に対する実に深い信頼の念が、脈々と波うっていることである。そしてここにまさに問題があることは上に述べた。

(5)

憲法をつくる力は、われわれがここで問題にしようとしている歴史的範疇としての憲法に関する限り、まさしく民主的な政治過程の中から成長したものに外ならない。そうしてその力が、自分自身の要求を、基本的法の形態で、旧支配権力——その代表者としての君主——に承認させたものが、まさに憲法なのである。そうしてこの憲法が、同時に、憲法の定めた民主的過程を通して、この力そのものをさらに成長発展させるべき使命をもっているのである。それであるから、憲法をつくる力は、憲法のつくった力となり、憲法のつくった力は、また憲法をささえる力となり、このようにして相互に働きかけながら、憲法を守り、憲法をたえず作ってゆくと共に、また自分自身を強固にする。このような相互過程の意味を抜きにしては、今日の日本のような憲法のもっている意義を正しく理解することはできない。

それと同時に、ここに絶えず働きかけてくる憲法をこわす力の存在を明確に認識することが要求される。憲法が作られ支えられてのみ存在するものであるとすれば、それをこわし、意味を失わせ、骨抜きにしてしまう為に努力する力の存在を無視するわけにはいかない。このような力——ここでもう少し詳しく規定すれば、憲法を作る力が民主的な力であるのに対応して反民主的な力——が、どこから生れてくるか、またどのような形をとって生れてくるかについて、絶えず配慮しそれと戦うことが、憲法をつくった意味を生かす為には、どうしても必要だといわなければならない。

憲法とはそのようなものである。憲法を作るときに、その規定は、千古不磨の、高い理想を描き出したもののようにいったのは、憲法を作った力そのものであって、その考え方は、数箇年の経験や情勢の変化で、かんたんに変るものではない。もし、数か年の変化だけで、あの憲法の定めた高い理想は、現実とは一致しない、われわれは誤ってあのような規定を憲法に入れたのだから、あれはやめてしまおうという人があったら、われわれは、その声に注意した方がいい。それは、人をさそって危険な淵におとしいれる魔女サイレンの美しい声かも知れないからだ。憲法の制定とは、そんなに軽率なものではない。それは社会的な要求の結晶して作られたものであって、文字が書かれる前に、すでに社会的な観念としては存在していたのである。日本国憲法の三つの基本的観念、国民主権と平和と自由とは、憲法が書いたから生れたのではなくて、日本の国民の間に生れたから書かれたのである。このことは憲法典自身の中にはっきり書かれている。憲法前文にあるように、戦争前のわれわれは、戦争のもたらす惨禍がどんなに恐ろしいものであるかを意識していなかった。戦争が起ってはじめて——しかも敵機がわれわれの前線防衛基地である本土はずれの島々ばかりでなく、ついにはわれらの父祖の地である本土の上にも、焼夷弾や爆弾やついには人類史上最初の原子核爆弾を投下するようになってはじめて、戦争というものがいかに怖ろしいものであるかに気づいたのである。このことは、戦後平和の時代になっても、国民が窮乏の中に、食料や衣服はもちろん日常生活に必要な薬品や生活を豊かにするさまざまの神器と呼ばれた電気機器などが全くなかった時代に育った人々についても変化はない。しかしこれらの物がすべて豊富になった時代、繁栄と充足の時代以後に生れた若い諸君は、国民の原体験の中に含まれているこの大切なものを見失うことが、どんなに重大な欠落であるかということの意味を考えてみなければならない。

この原体験をもっていたからこそ憲法制定期の国民の多くは、何がこの窮乏と破壊という惨禍をもたらしたのかを反省せずにいられなかったのである。そして上にあげた三つの原則を憲法の中に宣言した。日本を占領した国々の国民も、それと同じことを考えたからこそ、日本国憲法がこの三つの原則を宣言することを示唆したのである。

その第一は、戦争をするという国家意思の決定は、もしそれが国民全体の判断に任せられれば、国民は容易にそれに賛成しないであろうということである。従って国家意思の決定を軍の参謀部や一部の政治家に任せず、必ず国民の決定に任せるということ、即ち主権は国民にあるという原則の宣言とその確立が必要なのである。むろんこれにはいろいろの条件がある。おそらく憲法の定めた宣言を具体的なものにする基礎は、社会心理学や選挙政治学やその他さまざまの科学の示す要件を充足するところにあることは疑いをいれないだろう。とくに言論集会結社や学問良心の自由が大切な要件であることは疑いをいれない。これが、憲法が第二の原則として精神の自由を宣言していることの意味である。そうしてその第三の究極の目的として、「恒久の平和を念願し、人間相互の関係を支配する崇高な理想を深く自覚」した上で、「全世界の国民が、ひとしく恐怖と欠乏から免かれ、平和のうちに生存する権利を有することを確認」しているのである。

憲法前文がその結びに、「日本国民は、国家の名誉にかけ、全力をあげてこの崇高な理想と目的を達成することを誓う」と結んでいるのは、言葉の上だけの空念仏ではなく、たとえ成果は不十分ではあっても、文字通り全力をあげて数々の条件をみたしながらその達成に努力することに重点をおいていることは明らかである。国民は文字通り、「国家の名誉にかけて」この貴重な誓いをしたということだけは忘れたくないものである。

(郵政省官房人事部教養課編『教養の書』20 一九五二年 みすず書房刊 一九八三年二月加筆)

学問の自由

1

学問の自由という観念は、学問の本質そのものに内在しているもので、ギリシア、ローマで学問が興隆した時以来、それは絶えず主張されて来た。しかし同時にまた政治的、社会的ないし宗教的権威者が、自分の権威によって定めた真理に反する学説を見出した場合に、これを禁圧しようとすることも、古今東西を問わず、絶えずくりかえされて来たところである。学問の歴史は、むしろ自由の欠如の歴史のようにみえる。学問の自由が確立されるためには、自由を抑圧するものから、自分を解放するという努力が積みかさねられなければならない。そうしてこのような解放のための自由の主張が、次第に制度的に確立してゆくことが、結局、学問の自由保障の基本問題である。この保障は近代諸国の憲法の中に基礎づけられ、さまざまの先例、慣習、慣習法あるいは判例を通じて、次第に緻密で確実なものになっていった。

学問の自由は、とくに近代における大学の成立と発展に伴って強く主張され、制度化してきた。

ドイツの大学における学問の自由の発展は、スピノザ事件、ゲッチンゲン大学七教授事件などを通して知られているとおりである。一八五〇年のプロイセン憲法第二〇条には、学問および学説の自由が、国民の基本権として保障された。ワイマール憲法(一九一九年)が、その第一四一条に学問の自由を認めているのも、この伝統にもとづいている。

アメリカでは憲法の条文の中には、学問の自由を保障する明文の規定はないが、合衆国憲法修正第一条の表現の自由は、学問の自由の保障を含むものと解されている。

合衆国最高裁判所は、例えば最近の判決でこういっている。「わが国は学問の自由の保障に深くコミットしており、それはわれわれすべてにとって卓越した価値をもつもので、たんに当該教師にとってのみ価値のあるものではない。この自由は、それ故、修正第一条のとくに関心をもつところであって、それは教室に、正統主義という黒幕をはることを全く許さないのである」(Keyishian v. Board of Regents, 385 U. S. 589, (1967))。アメリカの一番古い大学の一つであるハーヴァードが設立されたのは一六三六年であるが、それ以来、学問の自由に関する事件は無数に起った(Richard Hofstadter and Walter P. Metzger, The Development of Academic Freedom in the United States, 1955 に詳しい。この書物は、今日では二冊に分けられ、それぞれ Hofstadter, Academic Freedom in the Age of the College, 1964; Metzger, Academic Freedom in the Age of the University, 1964 として Columbia Paperback 叢書に収められて、コロンビア大学出版部から刊行されている)。

それは一方で、学問の自由の重要性が絶えず主張されると同時に、他方で、それを侵害するような姿勢が、さまざまな社会的勢力によって要求されるからである。そうしてこれらの事件を通じて、学問の自由の保障の形態、手続、範囲、そうして基本的にはその本質が、次第に明確にされつつある。もちろん、これらの事件Casesというものは、ホーフスタッター、メツガー両教授のいうように病理現象であって、必要なのは、それらの底を流れている自由の思想と制度とを正しく確認することであるが、自由の存在形態が、これらの事件をとおして、明確になって来ていることをとらえることが大切であろう。

2

アメリカで学問の自由が問題になった最初の事件は、一六五四年、ハーヴァード大学創立後一八年で起った初代総長ヘンリー・ダンスター(Henry Dunster)の辞職事件である。これはダンスター総長と、大学理事会あるいはその背景にあって、大学を創設維持している地方コンミュニティとの間の宗教上の意見の相違から起った。一六五三年、ダンスターは、自分の子供(第四子。上の三人の子供については普通のやり方に従っていた)に、幼児洗礼を受けさせることを拒否したのである。当時のニューイングランドのピューリタンの目からみると、これは再洗礼派(Anabaptist)の思想に出たもので、異端であった。ニューイングランドのピューリタンが、その信条についてはきわめて厳格であったことは、クエーカー教徒を迫害したり、ロージャー・ウィリアムス(Roger Williams)を追放したことにあらわれているが、彼らは幼児洗礼が正統であると信じていた。そこで州議会(General Court)は、こういう決議をした。「青年は、よい文献についてばかりでなく、健全な原理についても教育をうけねばならないから……理事者は……その信仰において不健全であり、その私生活において汚れており、またキリストの教えに従っていると考えられない者は、教師または役員としておくことを認めないように勧告される。」これが決議の要旨である。ダンスターはこの点を明示的に理由とはしなかったけれども、辞表を出し、理事会はこれを受理するにいたった。

この事件が示しているように、アメリカ初期の大学では問題は主として宗教的な信条の衝突から起った。宗教的信条というものは、本質的に排他的であり、非寛容であるから、もし大学が特定の宗派の信条を教育する目的で建てられたものである場合には、それに違反する総長や教授を採用しないことはもとより、現任者でも、これを罷免することを要求するのは自然である。アメリカの大学が各宗派の学校(denominational school)としての本質をもっている限りは、このような宗教的純一性の要求から、異端と目される教授は、排除されることになる。

このことは宗派が多元化し、それらの多元的宗教信条相互間の争いの処理が、大学の当面の課題になると共に、具体的な問題としてたえず表面に出て来ないではいなかった。例えば一六九九年に、当時ハーヴァード大学の総長であったインクリーズ・メーザー(Increase Mather)は、大学の総長、副総長または大学法人の評議員となるものは、ニューイングランド組合教会の信条(New England Congregational Way)にしたがうものでなければならぬとした。これによるとイギリス国教会が排除されることになるので、イギリス総督のベロモント卿(Lord Bellomont)が、これに拒否権を行使した。総長は、やむを得ず、寄付行為なしでゆくことを決意するが、結局、数年の空白期間を経て、古い寄付行為にもどってしまう。メーザーのあと、一人おいて、一七〇七年にジョン・ロヴェレット(John Loverett)が総長となる。ロヴェレットは、ハーヴァードの「自由な伝統」の創始者であった(Hofstadter, op. cit., p. 98 ff.「ハーヴァードリベラリズムの台頭」参照。ロヴェレットは、その精神の自由化方策によって、知識の保存だけでなく、その発展に貢献したと評価されている。Charles A. Wagner, Harvard—Four Centuries and Freedoms, 1950, p. 53)。

宗教的信条に対する大学の態度は、大学の種類によって違う。第一は、宗派的大学(Denominational College)の場合である。ここでは、宗派のそれぞれが、自己の確信するところを学生に与えることが正しいという宗教的信仰に立って教育を行うのであるから、これに違背する教授は、その地位にとどまることは許されない。これは学問の自由の原則にも拘らずそうである。AAUP(The American Association of University Professors)も、このことは明示的に認めている。

すなわち、もし個々の教授が就任に際して、その契約の中に、このような特定の宗教的信条をもつことを確約しているならば、それに違反した者を罷免しても、それは学問の自由の侵害にはならない(アメリカ大学教授連合は、一九一五年に創立されたが、今日までの五〇年間に、学問の自由、身分保障、大学における正当手続の問題について、約三千件の不服申立を受理した。その大部分は公表されずに処理されたが、六四件については、連合が、その大学当局を公に非難(censure)した。そのうち四八件については、学問の自由保障について満足すべき状態に達したものとして非難が解除されたが、一九六七年夏現在、一六の大学に対して非難の決議が継続している。Louis Joughin, ed., Academic Freedom and Tenure, A Handbook of the American Association of University Professors, 1967, p. 4 ff.. AAUPの「学問の自由と身分保障に関する原則声明(一九四〇年)」は、その学問の自由の項の(b)に「大学の宗教的またはその他の目的による学問の自由の制限は、任命の際文書によって明確に表示されていなければならぬ」といっている。op. cit., p 36. 但しここで「その他の目的」といっているものの中に何が含まれるかには問題がある)。

しかし大学が、宗派的大学から、世俗的大学に変貌すると事情は変ってくる。例えば、ハーヴァードとか、イェールとかいう私立の大学の場合がこれである。そこでは信仰自体の大学における地位が反省され、特定の信仰を唯一とする代りに、信仰自体の多元性という現実認識の上に立って、大学の環境内では、その共存を認めるのが正しいという立場である。例えば、カークランド(Edward C. Kirkland)教授は、こういっている。

「大学という制度は一つの競技場である。そこにはさまざまの競技者がのり込んで来る。彼らの信じている主義は、違っている。そのあるものは、ことによると完全に、場合によっては部分的に、間違っているであろう。……けれどもすべてが、戦いや議論やわざという試験をうけなければならぬ。われわれは信じている。この自由で公開の戦いでは、長い目でみれば真理が勝ち、誤謬が打ち砕かれるということを」(Edward C. Kirkland, Freedom and the University, 1950, p. 121, cited in William F. Buckley, God and Man at Yale, 1951, p. 143)。

もし大学がこの種の知的自由を基礎として確立されていれば、そこでは宗教的信条の画一性は決して要求されない。アメリカの多くの大学は、この意味での世俗化をなしとげたから、教授が宗教的思想の如何で排除されることは、そこでは起らない。

この種の自由が、たんに事実上保障されているだけでなく、制度的に確立していなければならないのは、国公立大学の場合である。そこでは、もし宗教的——そしてこれと理論的にも実際的にも結びついて、政治的——自由が認められない場合には、一つの宗派的信仰、一つの政治的信条が、国家の権力と結びついて強行されるようになるおそれがある。

国家と宗教との分離は、このようにして近代国家の原則となった。国公立の大学が、宗教的政治的信条によって、教授の採用・罷免を決定することができないのは、今日では、公知の原則である。

3

前世紀の最後の時期にアメリカの社会を動かした問題は社会改革の問題である。一八六五年の奴隷解放に続く資本主義の急激な発展と共に、大都市と貧困が生れ、その改革を唱える人々が生れた。アメリカの大学の、この社会改革論に対する反響はきわめて直截で、その結果一九世紀の最後の一〇年間に、その思想の故に大学を追われた人の数はかなりの多数にのぼった。例えば、ローレンス大学総長のスティール(George M. Steele)、ノースダコタ農業大学長のストックブリッジ(H. E. Stockbridge)、ウィスコンシン大学のエリー(Richard T. Ely)、シカゴ大学のビーミス(Edward W. Bemis)、マリエッタ大学のスミス(James Allen Smith)、インディアナ大学のコモンズ(John R. Commons)、カンサス農業大学のパーソンズ(Frank Parsons)、ノースウェスタン大学総長のロジャース(Henry Wade Rogers)、スタンフォード大学のロス(Edward A. Ross)、などがそれである。

これらの略式手続による多数の罷免は、やがて学問の自由、大学の自治の名で罷免に対する実体的手続的な保障の要求を引き起した。そうして学問の独立を守るためには、教授は、その政治的経済的社会的思想の故には、罷免せられないという原則が、大学の基本的な方針として確立されるようになるのである。それは政権の交代が、つねに反対派の罷免を伴うという慣習に対する大学自身の自己防衛でもある。例えばスミス教授は、保守派の支配するマリエッタ大学の理事会によって罷免され、西部の大学に職を求めるが、ミズリー大学では彼の学説が正統で、保守派はここでは異端であり、大学は彼を任命するために、保守派の教授を罷免したので、スミスはこれを道徳的に誤りと考えて、この任命を受けなかった。しかしこれはたんなる道徳的な問題でなく、むしろ一方では政治的に厄介な問題であり、そうしてそれ以上さらに、大学の本質に合致しないのである。

一九一六年には新聞に次のような事実が報道された。ハーヴァード大学のある卒業生が、ミュンスターバーグ教授(Hugo Münsterberg)を罷免しないかぎり、遺産一千万ドルの贈与を取りやめるとおどしたというのである。ミュンスターバーグは、公然と親独的立場をとっていた。これに対して大学の理事会は公式の声明を発してこう述べた。「大学は、言論の自由を制限し、教授を罷免し、あるいはその辞表を受理することを条件に、お金を受取るように、という提案を許すわけにはいかない。」その翌年の年次報告の中で、ローウェル(Lowell)総長は戦時中においても、学問の自由は堅く守られねばならないことを主張して、こう述べている。

「もし大学が、その教授たちの言ってもよいことを検閲で決めるなら、またもし大学が、その認めない事柄を何か言うことを教授たちに制限するなら、これによって大学は、教授たちにいうことを許した事項に対して責任を負うことになる。論理的に、また不可避的に、そうである。けれどもそれは学問の府が負うことのきわめて不賢明な責任である。……中間の道はない。大学は教授たちにある意見を公然と発表することを許したことに対して完全な責任を負うか、もしくはそれは全然責任を負わず、教授たちが、他の市民と同様、国の法にしたがって、公権力によって処理されるに委せるか、どちらかである」(これらの事件についてはメッガー前掲書に詳しい記述がある)。

この論理は、別の面からいえば、教授は、その責任においてどんな意見を述べても、大学自身が、それを検閲したり、その責任を追求して、罷免したりすることをしないといっているだけであり、それも学問の自由の重要な面であるが、しかし大学の本質の議論としては、大学は違った意見、違った学説をもったものを集めるところで、そのような多様な構成をもたなければ、大学は大学としての本質をもち得ないということになる。

つまり大学の自由は、罷免に対する保障、教授の身分の保障によって守られることは疑いをいれないが、しかし本質の問題としては、どうやって、意見の違う学者を集めるかということにある。身分の保障は、大学の自治、教授自身が教授の罷免に対する決議権をもつことによって確保されるけれども、しかし同じ方式で果して、意見が違い、学説の違う学者を任命することが保障されるかといえば、それには問題がないわけではない。ただそれはむしろ運用の問題で、学問の自由の問題としては、任命に関しても、これを教授の自主的決定に任せることによって、学問的能力のない者が、政治的宗教的社会的な圧力によって、教授の地位につけられることのないように保障することで満足すべきものなのであろう。

4

教授の任命に関する問題は、政治的理由による任命の拒絶の問題として、判例でも取り上げられている。ここでは最近の合衆国最高裁判所の判例を検討してみたい。

一九六七年一月二三日の判決に、キイシアン対ニューヨーク州立大学理事会事件というのがある(Harry Keyishian et al. v. The Board of Regents of the University of the State of New York et al., 385 U. S. 589)。上告人等は、私立バファロー大学の教職にあった者であるが、大学がニューヨーク州立大学と合併されたため州の職員となった。州立大学の教職にあって在職するためには「破壊的」活動を行うものを排除するという州の方策(州法および行政規制)に従うことが条件である。上告人等は、これらの規定によって当時必要とされていた証明書(ファインバーグ証明書 Feinberg Certificate)に署名するのを拒否した。証明書の文言は、自分は共産主義者ではないし、もし過去にそうであった場合には、その事実を総長に、通告済である、というものであった。キイシアンは一年契約の専任講師であったため、その契約は更新されず、他の二人は契約は継続中であったが、もしこの州方式が適憲であれば、罷免されることになる。

ニューヨーク州では、一九一七年州法(現行教育法三〇二一条)に、「反逆的もしくは治安妨害的な発言または反逆的もしくは治安妨害的な行為の実行」は公立学校からの罷免の理由となるという規定があり、また一九三九年州法(現行公務員法一〇五条)に「力、暴力もしくは不法な方法で政府を転覆することを唱道し、またはそのような転覆を唱道する文書を出版し、またはこの原理を唱道する組織もしくは団体を組織し、もしくはこれに加入した者は、公務員たるの資格を失い、および教育制度への雇傭から排除される」と規定していた。これは日本の国家公務員法第三八条第五号の規定よりは、はるかに広範で、表現の自由を拘束するおそれがあるといえる。

ファインバーグ法(Feinberg Law)が制定されたのは、一九四九年であるが、その目的は、上記二法の実施を強化するためで、州立大学理事会は、これらに違反した者を排除する手続規定制定の義務を負わされた(ファインバーグ法については、Gellhorn, ed., The States and Subversion, 1952, p. 271 ff., Article by L. H. Chamberlain)。一九五三年、理事会は、合衆国および州の共産党を「破壊活動的団体」(subversive organizations)と指定し、一九五六年に上記のいわゆるファインバーグ証明書署名義務を就職希望者に課した。キイシアン他の上告人が署名を拒否したのは、これである。しかし一九六五年六月に、ファインバーグ証明書の制度は廃止され、これに署名することを拒否したという「だけ」では何人も公職を失わないことになった。ただし、「破壊活動的」団体の構成員であれば、失格する旨通告される。

最高裁判所は、これらの法令を検討した結果、その規定があいまいであると判断した。とくに「治安妨害的」(seditious)ということばはあいまいである。例えば、共産党宣言をもって道路を通行したら、それは違法となるであろうか。教師が教室でマルクス主義またはアメリカ独立宣言の原則を教えたらどうであろうか。フランス革命、アメリカ革命、ロシア革命の背景を説明すれば、それは法のいう「暴力的転覆の原則を含む材料を提供した」ことになるであろうか。

最高裁判所は、ニューヨーク州が教育を破壊的活動から守ろうとする趣旨は、これを認めるけれども、この目的のために、基本的人権を幅ひろく窒息させるような方法によることは許されない、したがって、上記の州法は憲法違反である、と判決した。

判決は、従来の最高裁判所の判決から、右の原則を支持する意見をいくつか拾い出して、列記している。例えば、「わが国の制度を力や暴力によって転覆することの扇動から社会を守ることの重要性は大きいけれども、言論の自由、出版の自由、集会の自由という憲法上の権利の不可侵性が守られることの必要の方がもっと重要である」(De Jonge v. Oregon, 299 U. S. 353, 364, (1937))。「わが国の大学における知的指導者に対して拘束衣をおしつけることは、わが国民の将来を危険に陥れることである。教育のどの分野においても、人間が問題を完全に理解し、もはや新しい発見の余地はない、というようなものはない。とくにこのことは社会科学の分野ではそうであって、そこでは絶対的なものとして認めてよいような原理は、無いに等しい」(Sweezy v. New Hampshire, 354 U. S. 234, 250, (1957))。

この判決は学問の自由の問題に関するきわめて重要な意見を示したものということができるが、詳細に検討するとさまざまの問題を残している。何よりもまず判決自身が五対四で決定され、少数意見を代表してクラーク(Clark)裁判官がかなり強いことばで多数意見を批判している。問題点は第一に、この事件は、上告人に対するファインバーグ法の適用をテストする宣言的判決を求めるものであるが、しかし証明書(Certificate)は理事会によって撤回されてしまっているので、そうなると事件は全く抽象的思弁的な性質をもったものとなり、従来の先例では裁判所は合憲性の判断をしないことになる。第二に、今から一五年前の一九五二年にアドラー事件の判決があり(Adler et al. v. Board of Education of the City of New York, 342 U. S. 435)、ニューヨーク州公務員法の該当規定およびファインバーグ法には、憲法上の欠点はないと判断されている。以来、この原則は多数の判例で支持されているので、それがなぜ突然に破棄されねばならないかには、問題が残る。第三に、問題の法の規定があいまいであるとか、あまりに一網打尽的(overbroad sweep)であるとかいう見方にも、疑問はないわけではない。

しかし以上のような疑問があるにもかかわらず、このキイシアン事件の判決が提起した問題、すなわち教育者が絶対に安全だという範囲に止まるような態度に出ることが、結局、この貴重な権利の喪失・毀損を結果するのではないかという点は、自由に関する根本問題として、われわれに反省を迫るものがある。わが国には、国家公務員法第三八条第五号の規定がある。幸いにして、職員の服務の宣誓に関する政令(昭和四一政令一四)は、別記様式で定めている宣誓書の中に、ここで論ぜられたCertificateにあるような、いわゆるdisclaimer oath(否認宣誓)を含んでいないので、問題は起らないと思われるが、将来、否認宣誓が要求されるような事態になると、日本でも大きな問題が起ると考えなければならないであろう。日本人の精神構造の中に、宣誓を重大問題視しない傾向がこれまであったことは明らかであるけれども、今後の問題としては、必ずしもそうでないことは否定できないからである(アメリカでこの種の宣誓が大きな問題となったものに、一九四九年のカリフォルニア大学忠誠宣誓書事件がある。David P. Gardner, The California Oath Controversy, 1967; George R. Stewart, The Year of the Oath—The Fight for Academic Freedom at the University of California, 1950)。

学問の自由の問題は、真理の多元性の認識から出ている。それを認めない政治体制——戦前のナチス、中世の教会政治、革命前後のロシア——の下ではそれは育たない。日本国憲法がその第二三条で、学問の自由を保障した理由は、現行の民主主義体制をあくまで保持したいという基本精神のあらわれに他ならないと思われるのであって、この意味ではそれは、現行憲法の諸原理のうちでも、重要なものの一つと考えなければならないであろう。

（『政蹊政治経済論叢』一七巻二・三号　一九六八年三月）

追　記

学問の自由に関する広範な諸問題についての理論的歴史的な分析としては、高柳信一「学問の自由」（一九八三年　岩波書店）、酒井吉栄「学問の自由　大学の自治研究」（一九七九年　評論社）などを参照されたい。

法における常識と非常識
――リアリズム法学再考――

1 法文解釈の方法

法の本質は言葉であるから、そこにさまざまの問題が提起される。何よりもまずそこに用いられている言葉は、立法者が一定の意図をもって作ったものであるから、立法者が別の意図をもってその文字を改正すると、従来の法について書かれた万巻の書物は、解釈論として無意味になる。これはキルヒマンの有名な言葉であるが(Kirchmann, Die Wertlosigkeit der Jurisprudenz als Wissenschaft, 1847)、しかしこれにも問題がないわけではない。

その第一は、立法者の意図が、解釈者の解釈を果してどの位拘束できるのかということである。拘束できなければ、法文は変らなくても解釈は変ってしまうし、反対に法文は変っても解釈は変らないということも考えられるからである。立法者の意図として有名なのは、憲法第九条の文章を修正した第九〇帝国議会衆議院憲法改正案特別委員会の委員長芦田均が後に発表した改正案の趣旨（あるいは改正案に、直ぐには気付かれないように潜ませておいた意図）と称せられるものの効力である。これも解釈者の如何によって、ある者は芦田の意図をそのまま九条の解釈に取り入れ、ある者はむしろその秘匿された意思でなく、公然と議会で説明され討論された条文の意味を取るべきだと主張する。

第二は、そういう歴史的立法者意思は決定的意義をもたない。憲法や法一般の意味は、時代や問題状況によって変化するので、その中からあるべき立法者意思を探り出して、正しい解釈の指針としなければならぬ、という考え方の提起する問題である。これは立法者意思説の形をとっているが、本質的には解釈者意思説の立法者意思説的扮装ともいえる。そうして第三は、同じように本質的には解釈者意思説でありながら、法文の文字の客観的意味の発見という主張をしているもので、これには法文の文字にどのくらい客観的な不動の意味があるかということと、そこへどのような手続きで解釈者の主観的意味をもち込むことが可能かという問題がある。最後にその第四としては、法は全く解釈者の主観、価値観、世界観、場合によってその便宜、立場、都合によってどのようにでも解釈できるもので、よくいえば解釈は主体的で無限であり、悪くいえば御都合次第でどうにでもなるということなのかどうかである。

このように解釈についてはさまざまな方法があるから、そのために法律学に対しては沢山の悪口がいわれるようになる。法学は「二枚舌、ごまかし、いい抜け、詐欺の厖大な体系、奇術、手品、奸智策略、三百代言的偽善的強奪」などというのがそれである(Jerome Frank, Law and the Modern Mind, 1930. ペーパーバック版がある。邦訳、棚瀬孝雄・棚瀬一代『法と現代精神』)。これは上にあげたどの方法を場合によって選んで使いわけをしても、こういう目的は容易に達成できるから、その選び方を指して悪口をいうことができるし、そのうちのどれか一つに、何らかの理由とくに自分の主観的な確信に基づいて固執していても、結果的には上のような悪口をいわれることを免れない。さらにこういう意図的な「ごまかし」や「奇術手品」でなくても、法律の本質上、客観的な解答は見付けられないということもある。ジェローム・フランクが指摘するように、歴史学というものは、科学ではなくて、単なる推測の術であるといわれる(Jerome Frank, Courts on Trial, 1949, P. 37. ペーパーバック版がある。邦訳、古賀正義『裁かれる裁判所』)が、法律学はそれによく似ているのではないか、あるいはもっと強くそうではないかという疑問が起るのは、否定できない。

しかし歴史学を科学とするために、考古学や発掘調査や、場合によってはその他の自然的事物や証言(とくに文書によるそれ)の客観的分析が役立つのと同じように、法律にも、事実の客観的基礎づけが必要である。

法律における規範と事実とを、研究上の目的のため一時的に離婚させることを主張したのが、アメリカで一九三〇年代に盛んになったリアリズム法学である(Karl Llewellyn, Some Realism about Realism……Responding to Dean Pound, 44 Harvard Law Review 1233, 〔1931〕. 鵜飼『現代アメリカ法学』日本評論社、一三一頁)。この学派に属する学者には、カール・ルウェリン(シカゴ大学)、ジェローム・フランク(イェール大学)、フレッド・ローデル(イェール大学)、ハーマン・オリファント(コロンビア大学)、ワルター・W・クック(ノースウェスタン大学)、アンダーヒル・ムーア(コロンビア大学)、サーマン・アーノルド(イェール大学)、ジョゼフ・ビンガム(スタンフォード大学)などがある。

この学派は傾向と問題意識については共通のものをもっているが、法的事実の分析という点では一つの学派というにはあまりに多様化しているばかりでなく、事実の中に科学的法則性を発見するという意味では、まだ十分な学問的地位を確立しているとはいえないが、ここではその問題提起を手がかりとして、与えられた課題を分析してみることにしよう。

2 事実の認定

法が行政や裁判の手続きを経て、具体的な人間関係の中に法的関係として確立するには、まず第一に法の解釈が必要であるが、それは同時に法の適用される事実関係の確定も含んでいる。

たとえば、同じように人間が人間を殺しても、前者が普通の人間であるか、それとも死刑執行人であるかによって、この関係は殺人罪として処罰されるか、死刑の執行として正当化されるか、意味が違って来る。意味は違うといっても、外形的には同じ行為であるために、死刑執行人は、外形的にも殺人をしないような形がしばしば用いられている。たとえば銃殺刑の執行の場合、銃殺人の鉄砲には弾丸の入っているのと、入っていないのとがあり、誰の射った弾が当って殺人(死刑の執行)をしたのかは誰にも解らない。ガス刑などでも、ボタンが幾つもあって、どれを押した人が具体的に死刑を行ったのかは誰にも解らないことになっているのがあるそうである。

具体的な生きた人間の行為が、一方は殺人となり、他方は死刑の執行となるのは、まず第一に、その行為をする人間の法的な意味が違うからである。全く同じ具体的な行為がこのようにさまざまの解釈を加えられるのは、それの載せている意味が違うからで、あらゆる人文社会科学関係の考察は、このような意味の発見なのである。一つの石ころでも、それが何十万年か前の人間が、斧や器として用いるという意味を、それに与えていたものであれば、この石はそういう意味を荷ったものとして、重要な文化財となる。

考古学や歴史学や美学が、それぞれの研究の対象となる文化的価値、歴史的価値、審美的価値を載せたものとして、与えられた事実を分析するのと同じように、法律学は、一方で法的価値、あるいはそれを体系的に示す法的規範を検討すると共に、他方でそれが適用される法的事実が何を意味しているか、どういう人や事物がどういう法的意味をのせているかを検討しなければならない。

この両者の認識、解釈と、それらの結びつきが、法的過程の全貌を示すのである。そうしてそのそれぞれの要素に、あるいはその結びつきに、われわれの日常感覚と一致しないものがあると、われわれは、それが非常識な処置である、常識に反する判決である、というような感じをもつのである。

さまざまな法の解釈の仕方については上にすでに述べたので、以下には事実との結びつきの問題を中心に考えてみよう。

何よりもまず、法を適用しているような外形をとっている人間自身に問題のある場合がある。その一番極端な事例は、ドイツのケペニックの大尉事件(いくつかの戯曲が書かれており、日本でも小沢栄太郎が上演したことがある。例えばカルル・ツックマイヤー『ケペニックの大尉さん』〔白水社『現代世界戯曲選集』10〕)と、わが国の帝銀事件である。ケペニックという市の靴屋の主人が、古着店で大尉の制服を買い込み、それを着て街へ出たら演習帰りの兵隊に出会った。号令をかけてこの一隊を引率し、市庁舎に乗り込んで市長室の椅子に座りこんだ。このまま市長の職務を執行したが、ほんとうの目的は何かの証明書を得ることにあったので、机の引出しを探したけれども、その用紙が見付からなかったので、金庫にあった現金には目もくれず、夕方になって意気揚々と引き上げていったというのである。この偽大尉さんの市長室で行った職務の執行が有効な市長の行為なのか、そうでないのかは、行政法の問題である。

ところでもしこの大尉さんが、ほんとうの大尉だったらどうなるか。これはクーデターや革命として、時々起ることであるが、事実が法秩序をくつがえしてしまうので、ここで一緒に議論することはむずかしい。ただ法と事実との関連を議論する場合の問題の一環として指摘しておきたい。

さてこれとは少し違うけれども似たような事件が東京でも起った。帝銀の支店に東京都防疫班長の腕章をつけた男が訪ねて来て、行員に青酸カリを飲ませ、多額の金円を持ち去ったという事件である。犯人とされた人は、後に死刑の判決を受け、現在九〇歳になって依然として刑の執行は行われそうにない状態であるが、この事件の場合には、犯罪行為が行われたが、もちろんそれが都の職員の行為と考えられるかどうか、都には何か責任があるかということは全く問題にならなかった。

以上は行為の主体の事実と法的性質との関係の問題であるが、一般に裁判とくに刑事事件の場合には、関係のある人間の行為と事物についての認識や判断が、複雑で困難な問題になる。法廷で裁判官が事実関係についての認識を得るのは、証人の証言や、提出された証拠物件や、それらについての鑑定人の鑑定であるから、これらのものがどう評価されるかは、判決の結果を大きく支配する。証人は、目の前で起ったり、聞いたりしたことについて証言するのであるから、人間としての弱点に左右されて、証言が間違ったり、時には意識的無意識的な嘘であることを免れない〔証人の認識にいかに誤りが多いかについては、ハーヴァード大学心理学教授ミュンスターベルクの伝えているベルリン大学刑法教授フォン・リストが教室で行った有名な実験がある。目の前で突然起った事件〔台本どおり演技したもの〕について正しい証言をした学生は一人もいなかった。Münsterberg, On the Witness Stand〔Frank, Law and the Modern Mind, p. 110. 鵜飼・前掲書、一五四頁以下〕．なお『ショスタコーヴィチの証言』の冒頭に、メイエルホリドがモスクワ大学法学部学生であった頃の経験として全く同じ話が出てくる〔ヴォルコフ編水野忠夫訳、中央公論社、一七頁〕〕。

その上、裁判官自身も、法廷でのこれらの証人や証言や物証についての観察者であることを忘れるわけにはいかない。そうしてこの二重の認識や判断のどこかに誤りがあれば、とくにその誤りが一般人の常識をはずれたものであれば、そこから生れてくる判決は、非常識なものになることを免れない。

3　社会的実態の理解

アメリカの古い判例に、トマトは野菜か果物かという問題に対して、最高裁判所が判決を下した事件がある（ニックス対ヘッドン　一八九三年、鵜飼・前掲書、一八三頁）。これは事実の認識と、法の規定との両者を結びつけたもので、その結びつけ方が問題になったいい例である。問題はヴェジタブルとフルーツでは関税率に大きな違いがあり、結果からいえば最高裁は低い関税率の適用を肯定したわけで、判決理由の中には、トマトがフルーツではない理由をいろいろ述べているが、真実の理由が表に出たものであるのかどうかは必ずしも明瞭でない。ただ結論としてトマトに安い関税率を適用したのは常識に合致した解釈といえる。

関税法がなぜ、野菜《ベジタブル》と果物《フルーツ》とを区別し、後者により高い関税をかけているのか、そしてトマトは、植物学的には一年生の草の枝になる果実《フルーツ》であるのに、何故セロリーや人参と同じように果実《フルーツ》でない商品と同じに扱われ低率の関税を課せられるのが正しいのか、立法者はどう考えており、実際にもその立法意思は合理的なのか、それは時代や生活慣習の変化によっても合理性を失ってはいないか、というようなさまざまな考慮によってこの問題は判断されなければならない。

立法趣旨や法実施の効果の分析をすることによって、法の正しい解釈的位置づけをすることができると主張した典型的な議論は、一九〇八年アメリカ合衆国最高裁判所の判決した「ミューラー対オレゴン」事件（久保田きぬ子「労働立法とデュー・プロセス」英米判例百選I公法『別冊ジュリスト』一五一頁）の弁護人の弁論要旨の中で展開されている。一般にブランダイス・ブリーフとして知られているこの議論の内容は、労働時間を制限する主要各国の立法例と、その根拠になっている労働状態の実態、とくに一〇時間労働立法の有無が労働者の健康状態にどんな影響を及ぼしているかを分析したもので、ブリーフが全部で一一三頁あるうちで、一一二頁を使って、これらの社会的実態を検討し、残りの一頁で、いわゆる法律的な論理を展開したものとして知られているのである。

4 常識的な結論

古典的な法学の理論は、法規範の定めているところを大前提とし、これを具体的事実にあてはめて、法の定める結論を引き出す形式論理で成立っている。たとえば刑法一九九条「人ヲ殺シタル者ハ死刑又ハ無期若クハ三年以上ノ懲役ニ処ス」(大前提)、甲は人を殺した(小前提)、故に甲を死刑に処す(結論)という形式論理的三段論法である。

しかし法学リアリストは、これに疑問をはさむ。いろいろの理由があるが、たとえば、裁判の実際をみると、裁判官によって同じ犯罪に対する判決がまちまちだということがある。フランクの引いている統計によると、Aという判事は、自分の取り扱った五四六人の酩酊事件のうち、一人を釈放しただけで、残り全部を有罪としたのに対し、Bという判事は、審問した六七三人の酒酔いのうち五三一人即ち七九パーセントを無罪とした。別のことばでいえば、同じ(全く同じかどうかは問題があるが、大数の法則によれば、一般的には同じと見ていい)犯罪が、A判事の前では九分九厘まで刑を免れる機会がないのに、B判事の手にかかると一〇人中八人までは無罪釈放になるということである(Frank, Law and the Modern Mind, p. 106)。

これは法的過程が、機械的形式論理ではなしに、法の解釈においても、事実の認定においても、複雑な社会的、心理的、経済的なさまざまの要素が働いているということを示している。無論これらの要素は単純なものではない。しかもその働きの如何によっては、結論は常識と全くかけ離れた結論になることも予想されないではない。

昭和五七年二月二六日東京地裁は、台湾人の元軍人軍属とその遺族が、日本人として戦地に赴き、戦死したり傷害を受けたため、国から補償一人当り五〇〇万円を求めた事件に対し、戦傷病者戦没者遺族等援護法(昭和二七法一二七)も恩給法(大正一二法四八)も、年金一時金の支給を日本の国籍を有する者に限っているため、原告の請求を棄却するという判決を言い渡した。これは法律の文字の機械的な解釈としては全く正当な判決のようにみえる。しかし自分たちの意思でもなく戦争に駆り立てられた庶民の感じからいうと不公平の反論を免れない。もちろん立法府が法律を改正することは期待できないことではない。しかし解釈で事態に対応することも不可能ではないと思われる。

ヴィノグラドフの引用している判例にポーランド対ターナー事件(一九一二年)というのがある(ヴィノグラドフ、末延三次・伊藤正己訳『法における常識』岩波文庫、一〇八頁)。「荷車または馬車でパンを配達する者は、……秤を携帯しなければならない」という一八三六年の法律があった。控訴人がパン配達のために雇った少年が自転車で配達をしている際、秤を携行していなかったので、主人の責任が問われた。裁判所は、「荷車または馬車」は自転車を含んでいると解して原審判決どおり有罪とした。

この判決は刑事事件に拡張解釈を用いている点に疑問があるけれども、前記のような恩給法の事件に厳格解釈を用いるのは正しいだろうか。国籍を失った者に恩給などを給しないのは、自分の任意の意思で国籍を離れた者に対してだけ国が恩給を払わないというだけで、強制的に国籍を離脱させられた者は少し違うとはいえないだろうか。

リアリズム法学派として前にあげたフレッド・ローデルが、州法で牛乳価格を公定することは合衆国憲法違反であるかどうかということが裁判になった場合、法の用語を使って抽象的な議論をすると同時に、会社の利潤や欠損がどうなっているか、貧民窟の子供には医学上どれだけの牛乳が必要なのかという、社会的、経済的、医学的実態の分析をすることが大事であるといっているのは、問題の余地はあるにしても、リアリズム法学の提起した重要な問題提起である。

私はかつてケルゼンのウィーン学派は、アメリカのリアリズム法学と同じ本質をもっているのではないかといったことがある。規範と存在とを分離して考えた場合に、存在を支配している法則が、どんな形で規範と結びついて、規範の意味が存在の中に実現されるかを追究することは、これら二つの学派の重要な目標である。現在のオーストリア政府の中で、ケルゼンの学説は支配的であるといわれている。アメリカではリアリズム法学の盛りは過ぎたが、判決が常識や社会の実態に一致するようになっているのはその批判のためであると思われる。

法律学をこれから学ぼうとする諸君は、一方で、抽象的で、ひからびてはいるが形式的に整っている法の概念を十分に理解すると同時に、他方では法をのせている複雑な社会的事実のもっている意味を正しく理解して、法が現実にどういう価値を実現していくものであるかを理解してほしいものである。

(『法学セミナー』一九八二年五月号)

リアリズム法学とケルゼン

私がはじめて海外渡航をしたのは、一九三九年の暮で、太平洋航路の豪華船浅間丸の船客として横浜を出帆した。私はその頃、京城帝国大学の助教授で、留学の順番は来ていたが、たまたま一方では中日戦争が激化しており、この年八月にはまた欧州状勢が複雑怪奇であるという声明を発して平沼内閣が総辞職するといった状況であったので、政府は留学生制度を一時停止する事態になっていた。ちょうどその頃同志社大学を辞めてアメリカで平和運動をしていた義兄の湯浅八郎から手紙が来て、ミネソタ州のカールトン大学で、Problems of the Pacific というゼミの講師として日本人の学者を招きたい、手当はケロッグ平和財団が出すということで、法文学部長をしておられた上野直昭先生の御了解を得て、渡米することになったのである。主任教授の松岡修太郎先生も清宮四郎先生もドイツに留学された方々だったし、私もハビリタチオンというと大袈裟だが、提出論文はワイマール憲法の研究で、京城大学に採用されたのだけれども、比較憲法をやるにはアメリカを勉強しておくことがとても有意義だと思った。渡米に先立っては、アメリカ憲法の大先達、高木八尺先生や高柳賢三先生にお目にかかって、いろいろ御指導を頂いた。とくに高柳先生は、ハーヴァード・ロー・スクールのディーン・パウンドに当てた紹介状を書いて下さった。そのお蔭で、カールトンでの義務を果したあと、その年の秋からはハーヴァードで、研究室の一室を与えられて勉強することが出来たのは、望外のしあわせであった。Special Student という資格で、一九四一年のハーヴァード・ロー・スクール・イャーブックの卒業生リストに名前が載ったお蔭で、時々大学のスカラシップ基金などに応分の寄附をさせてもらっているが、法学部長や時には総長の署名のある礼状を頂いて恐縮している。

いつぞや何かで読んだ話であるが、ある結婚披露宴で、花嫁の伯父に当る人が、自分の姪が、こんな立派な人物に嫁ぐことができて嬉しい、このような青年を教育した大学に敬意を表するため何千ドルの寄附をしたいといって満場の拍手を浴びたそうである。これは私立大学の寄附金募集を自由競争の方式で国が奨励しているアメリカだからこそ面白いので、国家統制優先の日本ではあまり通用しない話である。

カールトンで私の過した一学期は、ドイツが伝統的に禁断の政策であった軍事的二正面作戦を避けるためのナチスの独ソ不可侵条約の調印と、続いて東方ポーランドの占領、英仏の対ドイツ宣戦という一九三九年に続いて、ドイツの西部戦線攻撃が始まって、とうとうドイツ軍のパリ入城という事態にいたったので、アメリカでも日本のことはしばらく忘れて、ドイツ非難に熱狂していた時期である。

私は日本が紀元二千六百年を祝っていたこの年を、のんびり大学の図書館で手当り次第に新刊書を漁り読みしていた。その時たまたま出会ったのが、フレッド・ローデルの『禍いなるかな、法律家よ』であった。ローデル教授には、ずっと後でイェール・ロー・スクールでお目にかかり、そのゼミに列席したりして、いわゆる謦咳に接する機をもったわけであるが、この時はただこの一冊に引きつけられて、我を忘れて読みふけり、とうとうその紹介のようなものを『法律時報』に送ったりした(『法律時報』昭和一六年五月号「米国法学者の法懐疑論」)。これが私のリアリズム法学に接した最初で、その後ジェローム・フランクやカール・ルウェリンのものを読んだり、これらの人にお会いして話し合ったりする機会があって、自分なりにいろいろ考えさせられるところがあったが、私にはリアリズム法学というのは、ケルゼンの純粋法学と裏表の関係にあって、古典近代の法律学を、二つの全く正反対の面から批判しながら、結局イデオロギー批判と科学的法律学の建設という同じ結論に達しているのではないかという気がしている。もっともこう感じたのは、一九四〇年の九月からハーヴァード・ロー・スクールに席をおいて、そこでの講義の準備をしていたケルゼンに直接あって、いろいろな話を聞いたり、またリアリズム法学の著書論文をあれこれと渉ったあとである。

ディーン・パウンドのゼミには、ケルゼンも出席していて、この両者の論争は面白かった。パウンドと、リアリストとの論争は、『ロー・レヴュー』などで読んだ。ハーヴァードには、リアリストは一人もいなかった。このことについては、別のところにも書いたが(鵜飼『アメリカ法学の諸傾向』一九四八年 新文芸社、序文二頁)、イェール・ロー・スクールとのきわ立った対照を示している。イェールのフレッド・ローデル教授にいたっては、ハーヴァードの二教授(チェフィーとマガイア)の編纂した読書案内(A List of Books for Prospective Law Students now in Service, Prepared by a Committee of the Faculty of Harvard Law School, 1945)には、サーマン・アーノルドやジェローム・フランクの著書はただの一冊も挙げられていないと怒っている。

ところで私は夏休みの間、ニューヨークのインタナショナルハウスに滞在して、New School for Social Research へ通ったり、市立図書館で本を借り出して読んだりしていた。このころ読んだモーティマー・アドラーの『本の読み方』に感銘したことは、別のところに書いた(『図書』一九八二年九月号、岩波新書『私の読書』に収録)。ニュー・スクールというのは、学問の自由を確立するため一九一九年にコロンビアのチャールス・ビアードなどを含むリベラルな学者のグループが作った大学で、創立数年後からアルヴィン・ジョンソン(社会科学百科辞典の編集責任者)が学長になった。後にナチスによってドイツやイタリアから追われた教授が集ったために University in Exile などとも呼ばれていた。フェリックス・カウフマンやエリヒ・フロムなどが面白い講義をしており、ウィーンでケルゼンの助手をしていたというフラさんの国法学の講義にも、私は熱心に出席した。そのフラさんがある日突然、間もなくケルゼンがアメリカに来て、ここで講義をすることになったと嬉しそうな顔でいわれた。講義の題目は「霊魂信仰の社会学」というので、その要目(これは私の前掲書二一二頁に載っている)が掲示されたのを見て、私はこれまで純粋法学の本質だと思っていた規範としての法の純粋性分析の背後に、実は実在としての法の社会学的認識があったことに気づかされ、そこからケルゼンの方法論に対する新しい関心が勃然と起って来た。

秋の学期からケルゼンはパウンドの世話で、ハーヴァード・ロー・スクールに新たに出来たオリヴァー・ウェンデル・ホームズ記念講座の第一回講師に選ばれ、ラングデル・ホールの石造の立派な建物に一室を与えられて、冬学期に行われるこの講義の準備に熱中するようになる。ついでにいうと、このケース・メソッドの創始者ラングデルの名を負ったロー・スクールのメイン・ビルディングは、蔦のからんでいる黒ずんだ赤煉瓦の古い建物の多いハーヴァード構内の他の学部の研究棟や教室と較べると、格段に立派だったので、あの口の悪いラスキが、ホームズに書き送った手紙の中で、「教師は宮殿に住むべきではない」と皮肉を述べているほどであるが(鵜飼訳『ホームズ－ラスキ往復書簡集』一九八一年 岩波書店、一七七頁)、建ててまだ一〇年ほどなのに、私が初めてここへ行った一九四〇年の九月には、頑丈な、まるで銀行みたいな建物があるなと思っただけで、内部は結構学生たちの汗と手垢に汚れて、映画にもなったペーパー・チェースの舞台らしい、よく勉強する学生と、学生を追究する教授たちとの日常の学問的切磋琢磨の舞台であることが感じられた。

前にいったように、九月の新学期から私はここに席をおいて自由に講義を聞き、自由に教授たちを訪ね、自由に図書館の本を借り出して読んでいた。私も他の学生と同じように学校から歩いて五分か一〇分位のところに下宿していた。最初はほとんど構内といってもいいところにあるちょっと大きな個人住宅みたいな感じの家で、International House と名前がついており、ヨーロッパからの亡命組が多かった。ポーランドから来たソーン君はよく勉強する学生で、パウンドの後をついで学部長になった東京生れの行政法学者ジェームズ・ランディスのセミナーで、既判力(res judicata)の効力などで、教授に喰い下って大論争をしていたが、後でハーヴァードの国際法の教授になった。私と同じ部屋で一緒に暮したのはハンフステンゲルというドイツ人で、この人の父親はヒットラーの片腕といわれた人物だったが、後にヒットラーと喧嘩別れをして、この頃は彼も反ナチの筆頭だった。初めの一、二か月は、この寮生活も面白かったが、何しろ私とは一〇歳近くも若い人たちばかりだから、一人で近所の素人下宿へ引越した。

私はいつも深夜一二時のニュース放送を聞くために研究室を出て構内を抜けて下宿へ帰る。見るとラングデル・ホールの二階にある大図書室にはいつも煌々と電気がついて、学生たちが熱心に調べものをしている。それでいて翌日八時からのクラスには、みんなグリーン・バッグと俗にいう緑色の袋に、千頁もある厚いケース・ブックを二、三冊も突込んで教室に現れ、指名されると次々に答えをするのに感服したものである。こんなに勉強をする青年たちを相手にして戦争などをしたら一体どうなることだろうと考え込まないわけにはいかなかった。

一〇月の初めに新学年の新しいスタッフを紹介するパーティがあったので、早速ケルゼン先生をつかまえて、これまで考えていたいろいろな問題を切り出してみた。一番解らないのは、法的規範の世界と、社会的実在の世界とは、深淵で隔てられた全く別個の世界だというのに、この二つが緊張(Spannung)関係で結びついているのは、どうしてだろうという素朴な疑問だった。ケルゼン自身も、チェコのドイツ系プラーグ大学教授になったのに、その講義で、大教室に一杯だった学生たちが、ケルゼンが口を開いて講義をはじめるや否や、一斉に立ち上って出て行ってしまうというひどい待遇を受けた。そのためいや気がさして、この夏イタリア経由で、アメリカに亡命しようとしたが、イタリア政府はチェコという国家はもう存在しないからといって、彼の旅券に査証を与えることを拒否した。この場合、法的規範的な意味でチェコの旅券が有効であるにも拘らず、政治的社会的な意味で、それが無効の取り扱いを受けるのは、法論理的な意味での効力の外に、実定法的意味での法的効力が事実に裏づけられて存在しているとみる外に説明の方法はない。そしてケルゼンの純粋法学もこのような効力あるいは無効を認めざるを得ないのである。ではなぜ、規範の世界と事実の世界とは論理的には全く別のものであるのに、経験の上では両者は全く一致しないにしても、ある間隔をおいて併行的に対応しているのであろう。

ケルゼン先生もこの問題に対しては、ただ"That's mysterious!"といっただけで、それ以上の説明をしようとされないのが面白かった。しかし社会学的な研究は、この頃のケルゼンの学問的な関心をひいていたらしく、その最初の著作がErkenntnisという哲学雑誌に出た「因果性と応報性」と題する論文である。これを含む著書は、同じタイトルでオランダの出版社の手で組版を終っていたが、この年五月のドイツ空軍の爆撃ですべてが灰燼に帰した。たった一部ケルゼンの手許に残ったゲラ刷を手にして、蔵書や家財道具の一切を故国——といっても彼の故国は今や、ナチスの支配するドイツではなくて、つい最近までナチスの手が及ぶのを免れていたチェコスロヴァキアであったが——に残したまま、彼は空路リスボンに飛び、そこから大西洋横断の船路を経て、八月にニューヨークに着いたのである。このゲラが元になって、一九四三年にシカゴ大学から、一九四六年にはカール・マンハイムの編集する社会学社会再建国際叢書の一冊として、Society and Natureという英語版が出た。

私は機を見てはケルゼンを研究室に訪ねて、法論理的な規範観念と、社会的な実在との区別と関係とについての彼の考え方を明らかにしようと試みたが、考えれば考えるほど、これは難しい問題である。論理的な両者の区別の方は、事柄の性質上割合に明瞭である。ケルゼンはこんな例を話してくれた。——旧約聖書の冒頭に創世記という天地創造の話があるだろう。あれは自然を実在的自然として把えているのではなくて、規範の支配する世界という面から説明しているんだよ。だから神は天地創造の手続きを、人間が機械や彫像を作るようには行わなかった。彼はただ規範を創造しただけなんだ。一番始めに神は「光あるべし」という規範を定立した。そうしたら混沌たる無の世界が、この規範に適合する行態をして、そこに光が現われた。これが第一日だが、第二日から六日目まで全く同じように神はただ規範を定立しただけで、水や青草や生き物や人間が次々と創造されていった。

これは大変面白い説明だが、それではなぜこの無の世界、創造以前にそこにあった世界は、神の定立した規範に必ず適合した行態を呈するようになったのか。なぜ、そこに規範違反行為が全くなかったのか。また仮に違反行為があった場合に、神はそれに対するどういう処罰行為、強制行為を用意していたのか。ことによると、この神の定立した命令は、規範ではなくて、因果法則だったのではないか。

ケルゼンは、実はこれを人間の自然に関する説明が、規範的なものから、因果的なものに発展して来たことの例として、観念の社会学的歴史として説明している。そうしてちょうど自然についての説明が規範的なものから、因果的なものに発展して来たために、われわれが科学技術の宏大な恩恵に浴しているのと同じように、社会についての説明も、従来の規範的法的な説明から、因果的科学的な説明に展開してゆくのではないか、という課題を提起している(Kelsen, Society and Nature, Chapter VII, Natural and Social Science, p. 263 ff.)。

私はこの問題に突き当って、アメリカで、このころしきりに話題になっていたリアリズム法学の提起していた問題を思い出した。リアリズム法学の論点は二つある。一つは、法的規範というものが、一義的で何人にも内容の明白なものではなくて、人によって、また事件によって、解釈が分れるということである。このことを一番手近に示しているのが、最高の英知を集めた最高裁判所の判決が、満場一致の結論を出すことは稀で、むしろ多数決、それもしばしば五対四というわずか一票の僅差で、合憲か違憲かというような根本問題が決まるということである。リアリストにはジャーナリスティックな筆を振うことの巧みな人が多いから、自然この問題をめぐって、いかめしい法服をまとった裁判官たちの支配する厳粛な法廷を揶揄するような著述が多い。

そうしてもう一つが、右の問題の反面で、むしろ法的過程は、自然現象と同じように、因果法則に支配されているのではないか。それは心理学的、政治学的、経済学的、その他の社会学的、もしくはもっと統一的綜合的な文字を用いれば社会科学的法則に支配されているのではないか。この社会科学的法則は何だろうという課題が、これである。リアリズム法学を主張する人々は、この第一の点では性質上、さまざまな挿話材料を用いて、筆を揃えて、古典的法律学を攻撃して、読んでいて面白い。しかしこの第二の点では、心理学的、経済学的、社会学的あるいは政治学的にさまざまの法則が呈示されていて、それはそれで一つの試みであるには相違ないが、決して成功しているとはいいがたい。

ケルゼンがこれと全く同じ法則の発見を予告しながら(Society and Nature)、決してそれに成功しなかったのは注目される。私のみるところでは、人間は、複数の価値の間の選択に絶えず当面しており、その選択の方向は、自律的な自由意思と、他律的な外部原因との交錯の中で決断されるので、そこに個人の責任と社会の責任との複合がある。これは価値と実在との不思議な結びつきの問題である。ケルゼンが、これこそまさに神秘的なものだといった一言に千鈞の重みがあり、そこに教育における価値観、歴史における宗教や正義感の意義があるのではないだろうかと、私は考えた。

ケルゼンはこのころ、新しい講義の準備をしており、それは二月(一九四一年)から始まることになっていた。ちょうどその数週間前一月の下旬に、戦争が始まるかも知れないから直ぐ帰国せよという意味のローマ字の電報を父から受け取った。ケルゼンは、残念がって、それではこの講義のドイツ語の原稿をあげるから、帰国したら日本訳を出してほしいといった。この翻訳は私の一身上の都合でなかなか完成しなかったが、一九五一年に東大出版会から『法と国家』という標題で刊行された。ついでにこのドイツ文の原稿には英語の題がついていて、International Law and International Peace となっている(この原稿は最近碧海純一、長尾龍一の両教授を通して東大図書館に寄贈した)。これはハーヴァードUPから出版されたこの講義の題(Law and Peace in International Relations)とも違っている。どうしてこんな題をつけるのですかと聞いたら、これでないとアメリカでは講義をさせてくれないんだよと、ケルゼンが悲しそうな顔をしたのが忘れられない。そうして Harvard Law School とレターヘッドの印刷された便箋に、「親愛なる鵜飼信成教授　我々相互の友情と敬愛との記念として、ハンス・ケルゼン　一九四一年一月」と書いて、ポケットから取り出した写真を貼りつけ、これはチェコを出る時の旅券に貼ったのと同じ写真だよといった。そしてお互の将来の活躍を祈念しながら、もし私にも未来があればね、といった。

私は二月のはじめにシアトルを出帆した氷川丸に乗ったが、波止場には在米日本人が黒山のように集って、太平洋を渡る最後の日本船になるかも知れないと、この船の出帆を見送っていた。横浜に上陸して税関を通る時に、私の持って来た本の中、二冊がこれは駄目ですからといって取り上げられた。著者も出版社も全く覚えていないが、内容は写真の沢山入った南京虐殺事件の本だった。関税定率法二一条の輸入禁制品に関する規定は、当時と比べると、戦後四〇年近い今日では少しばかり変っているが、政府の運用方針の方は全く変っていないように見えるのは不思議である。その時、ついでにこれを貸してくれませんかというので、Mrs. Miniver's Diary という本を置いて行った。悪いことにこの本は文字通り桃色のカバーで表紙が蔽われていて、小説であることは明らかだった。しかし私は税関吏の心裡を疑う気持があまり無かったので、この役人は、愛国的なミニヴァー夫人の活動日記を読んでみたいのだなあと思って、どうぞといって置いて来たが、多分検閲に価する物語でないことが解ったのだろう、一週間ほど経って郵便で朝鮮まで送り返して来た。

この年六月二二日日曜日の午後、散歩から帰って来て、フッとひねったラジオは、ドイツ軍がこの日払暁、国境を越えてソ連に侵攻したことを告げていた。そうして数日後、私は宮沢先生を主任とする日本学術振興会の研究小委員会「国家非常体制法の研究」の研究会に参加するため上京した。その留守中に、赤紙が来て、三五歳の私はお仕着せの軍服を着せられたままソ連国境の羅津へ送られて行った。

（一九八二年一二月）

II

ウォーレン長官における裁判の論理

1

ウォーレン長官の下で、合衆国最高裁判所の下した判決に対しては、保守派からのずいぶん激しい非難がある。学校から神様を追い出し、その代りに黒人を引き入れた、というのが、これらの非難の要点で、アメリカの極右団体ジョン・バーチ協会は、ウォーレンを共産主義者の一人に数えて、彼を弾劾裁判に付すべきだと主張した。

こういう卑俗な非難にもかかわらず、彼はアメリカ的な自由と平等の観念の象徴的存在として、活発な活動を続け、最高裁判所の招きでわが国を訪れ多くの人々に深い感銘を与えたことがある。

しかし彼の法的意見と政治的識見については批判が絶えず、カトリックの雑誌編集者で、弁護士をしたこともある保守主義者L・B・ボゼルは『ウォーレンの改革』(一九六六年)を書いて、ウォーレンの意見を詳細に分析し、最高裁判所は、憲法解釈の最終権限をもっている以上、最近のような判決は、自由な国民の将来の自由と安全を脅やかす革命だ、といい切っている。

同時にしかし、ウォーレンの自由の観念を政治的に意義づけ、彼の政治的伝記を書いた本もある。L・カッチャーの『E・ウォーレン――政治的側面の伝記』(一九六七年)がそれで、右翼の執拗な攻撃にも拘らず、ウォーレンが、多数の人々の深い敬意と愛情に包まれていることを、そしてそれがリンカーン、ルーズヴェルト以後のなに人も及び得ないほどのものであることを、五〇〇頁の大冊の中で、詳細に論証した。

合衆国最高裁判所の長官は今では保守派のバーガーに変っているが、私はここで、日本人にとって関心をひく若干の問題点をウォーレン時代の判決の中からとりあげてみたいと思う。第一は、黒人の平等が、これまでどんな論理で阻まれており、それをどのような形で打破することが可能であったかということである。黒人の不平等は、もちろん、基本的には社会感情の問題であり、同時にまた社会経済的な問題である。しかし、それらの自然的要求は、何らかの法的、精神的支えをもたなければ、生き続けることはできない。このことは第二に、しかし、ウォーレンの黒人平等判決のあとでも、依然として続いている不平等の法論理が、いったいどんな論理的構造で主張され、どこまで、論理的妥当性を主張し得るかという問題につながっている。黒人奴隷制が、ほんとうに「風と共に去りぬ」と詠唱的にいわれ得るための基礎的論理の問題である。

第三に、これと、公立学校での宗教的行事の禁止とは、どんな関連があるかということである。ここでもまた、判決に対する批判は強い。この場合には批判の感情的基礎は、黒人不平等論の場合よりもっと強いものがあるに相違ない。それらの抗争の中で、裁判所がふりかざす法的論理の分析は、われわれに自由の原理の基本を、どんな形で示すであろうか。ウォーレン最高裁判所の多数意見、少数意見の中に示された法原理のわれわれに教えるものは何か。それらの点をしばらく検討してみよう。

2

一九五四年のブラウン対トピーカ教育委員会事件の判決は、その前年に任命されたウォーレン長官の今後の方向をさし示す重要な判決であった。黒人の差別は、ほとんどあらゆる施設に及んでいる。とくにバスや電車などの交通機関、病院、レクリエーション施設(ゴルフ場、プールなど)から、教会にいたるまで現代生活のあらゆる部門にわたっているが、しかし、その中でもとくに重大なのは、学校における差別である。いや、学校における差別こそは、あらゆる差別の基礎だともいえるのである。

何故なら、学校教育において差別されている間は、決して彼らは、白人と平等の能力をのばすことができず、そして能力がのびない以上は、いかに就職やその他の社会的政治的平等が保障されても、それは紙の上の幻想に他ならないからである。それであるから、ウォーレンが、この判決の冒頭で、「今日では、教育は、国家公共団体の機能のうちでも、最も重要なものとなった」といっているのは、まさに、教育のそのような重要さに基づいて、国家公共団体が、それを自分の大切な権限として取り入れたことを指摘したものであり、その故にまたそれが、憲法の平等条項によって保護されなければならないことにもなるのである。

公共施設の利用については、古くから、プレッシー対ファーグソン事件(一八九六年)の先例が行われていた。その原則はSeparate but equal つまり、引離されていても、黒人の施設が白人の施設と平等な質をもっているならば、それで少しも憲法の平等原則に違反することはないというのである。しかし実際にアメリカ各地に存在する黒人のための学校を見たものは、このような実質的平等が、決して現実には存在しないことを知っているであろう。もちろん、設備だけからいえば、ヴァージニア州などには、目の覚めるような美しい建物や、十分な実験装置をもった黒人のための学校がある。しかしそれだけでは、質の平等が保障されたとはいえない。もっと大切なのは、同級生、同窓生、そうしてとくに教員の質である。これを平等にするには、人的に黒人と白人との共学を実施する外はないのである。

ウォーレンは、「分離された教育施設は、本質的に不平等である」と、ブラウン事件の代表意見の中で断定しており、それは、ほとんど反駁の余地を残さないほど自明の理のようにみえるけれども、そうして一九五四年のこの判決以後、黒人の法的地位は急激に改善され、ついに一九六三年に、ケネディは公民権法案を提出し、やがて法律は制定されるにいたったけれども、このことは決して、黒人の実質的平等が確保されたということにならない。

そうして、黒人がこのようにして獲得された法的平等の下で、なおフラストレーションに悩まされ、貧困や失業に打ちひしがれ、全国的な暴動さえ引き起すにいたっていることが、黒人問題を根本的に再反省することの重要さを教えていることは、疑いをいれない。

しかしここで指摘しておかなければならない点がいくつかある。第一は、ウォーレン最高裁判所(Warren Court)の判決が、このような黒人解放への重要な一歩を劃しているということである。このことの意義は、いくら強調しても強調しすぎることはない。そうして、この判決の実質的な実施を求めて、最高裁判所は、一九五五年には、連邦および各州の一切の法令は、この共学事件の判決の趣旨に一歩を譲らねばならないとした。のみならずこの憲法の原則が実施され、慎重な速度で人種的な差別なしに共学が行われるように、必要な手続をとり、命令を発することが、地方裁判所に指令されたのである。

それにもかかわらず、第二に、共学の実現はきわめておくれている。『世界』一〇月号の猿谷要教授の論文に、共学黒人生徒の比率がのっているが、それによると、一九六四年四月現在で、ミシシッピーでは〇、アラバマでは〇・〇〇七、サウス・カロライナでは〇・〇四というような信じられないほどの低率になっている。

ここにウォーレンの直面しなければならない問題があった。裁判所は、自ら判決を執行するわけではないから、その実施の責任をどうしたら連邦政府と州政府とに負わせることができるかが問題だったのである。ウォーレンは判決が司法的な本質をもちながら、実はそれが政治的効果をねらわなければならないものであると思った。それには満場一致であるのが一番よい。しかし裁判官の中には、プレッシー対ファーグソン以来の伝統がまだまだ支配している様子がみえた。ウォーレンは自分で仮の意見書をかいてこれを他の裁判官に回覧するという方式を採った。そうしてそこから、満場一致の判決が生れることになったのである。

ウォーレンは、いい意味で裁判官であると同時に、また優れた政治家でもある。それが彼の裁判に、大きな政治的意義をもたせたのである。

しかし同時にそれは政治的処理の発端を開いただけで、処理を完了しはしなかった。そのことはケネディもジョンソンも知っていたに相違ない。今日でも黒人の平等をほんとうに確立するためには、政治の問題として処理するほかに方法のないことは、誰もが感じているところである。

そこに、ブラウン事件への新しい批判が起って来る。批判者はこう主張する。憲法制定者の頭の中には、分離教育の廃止を求める意思はなかった。平等の保障を定めた連邦憲法修正第一四条が採択されたと同じ会期中に、一二の州が、分離された学校を要求もしくは容認する州法を制定している。そうして最高裁判所も、ウォーレンの劃期的な判決までは、「分離されていても平等の原則」を固執していたのである。

こういう状況の下で、新しい判決を下すことは、憲法の存在を無視することにならないか。いわゆる社会学的判決というのは、事情の変化に応じて、勝手に新しい価値、目標、要求を、基本法の解釈の中にもち込むことにならないか。これが批判者の批判である。

私はこの問題は結局、ある社会に行われている多様な価値の、どれを、立法者なり、裁判官なり、また社会文化の各方面の指導者なりが採用し、どれがそこでの支配的な価値となるかに帰すると思う。その意味で、白人と黒人とを別々の学校に隔離して教育することが、結局、平等を真に保障する所以でないという最高裁判所の考え方が、従来の伝統的な差別論に対して革命的であると共に、何処までこの考えの支持者が、アメリカ現代文化の中に育ち得るかに、問題解決の鍵はかかっていると思われるのである。

3

一九六二年、合衆国最高裁判所は、ニューヨーク州が公立学校の児童に、教室で祈りをさせることは違憲であると判決した。「全能の神。私たちはあなたに依ってのみあることを思います。わたしたち一同に、わたしたちの両親に、わたしたちの先生に、そうしてわたしたちの国に、あなたの恵みをたれ給え。」これが問題の祈りであった。

ウォーレンは、学校に黒人を迎えいれ、神様を追い出したという理由で、無知で単純な社会一般のはげしい非難をあびたのは自然であるが、問題はもちろんそんな単純なものではない。第一ウォーレン自身は熱心なキリスト教徒であって教育全体の中における宗教教育の占める重要性については、誰よりもよく知っていたに相違ないのである。

宗教と国家との分離の必要性、あるいは宗教と国家との結びつきの危険性については、アメリカは建国のはじめから、明白な意識をもっていたはずである。私はかつて、ケネディ大統領の就任式を傍聴して、プロテスタント、カトリック、ユダヤ教のそれぞれの祈りが、それぞれの牧師、司教、司祭の手で捧げられるのに、象徴的な信教自由の存在を感じた。おそらく無神論者が、式に出ていても少しも疎外感を感じないであろう。

この点は、日本とは少し感覚が違うような気がする。日本では現在宗教とされているものの中どれか一つが、国家によって、それは宗教ではないと宣言されると、突然、この国家の認定だけによって、宗教の本質を失い、国家の行事として強制されても、少しの抵抗もなく実施されるのではないだろうか。そこにわれわれが、ウォーレン裁判所のこの判決を十分に味読しなければならない理由がある。

国家と宗教との分離については、いわゆる世俗化(Securalization)の時代以後、合衆国最高裁判所でしばしば争われて来た。例えば、一九四八年のマッコラム事件では、原告マッコラムは、教育委員会を相手どって、職務執行令状を求める訴訟を起した。原告の居住するイリノイ州には、州の義務教育法があって、親は子供に七歳から一六歳まで教育を受けさせる義務をおっている。ところが、私的な宗教グループが共同して、宗教教師を雇い入れて、毎週正規の授業時間中に学校へ来て、三〇分間、正規の授業の代りに、宗教を教えることを認められていた。これは憲法の規定に反するから、裁判所は教育委員会に、「当学区内のすべての公立学校で、その校舎を用いて、一切の宗教教育を行なうことを禁止する規則を制定施行する」ように命令せよ、というのである。

裁判所は、これは疑いもなく、租税で維持されている学校を利用して、宗教グループが、自分たちの信仰を宣布するのを助けることになるといい、ジェファソンの言葉をひいて、修正第一条の「法律によって国教の樹立を定めてはならない」というのは、教会と国家との間に分離の壁(a wall of separation)を立てることを意味するのだとした。

とくに被告側が、修正第一条の意味するところは、政府がある特定の宗教をとくに保護してはいけないというだけで、一切の宗教を無差別、公平に援助することまで禁止するものではない、と主張したのに対しては、それは支持できないと軽くはねつけている。

また、公立学校を用いて政府が宗教教育をすることは憲法に違反すると主張することは、宗教に対して政府が敵意を示すことにはならないか、という主張に対しても、重ねて前のことばを繰返して、要するに、宗教も国家も、それぞれ自分の領域にたてこもっている限り、それぞれの高邁な理想を実現できるのだ、と断定し、原告(上告人)の主張を維持した。

一九五二年にはゾラック事件というのが起っている。ニューヨーク州には宗教教育のプログラムとして、公立学校の児童が授業時間中に、学校を離れて、自由に宗教教育を受けたり、礼拝に出席したりすることを認める方式があった。これはマッコラム事件とは性質はだいぶ違っている。しかし原告(上告人)は、これはマッコラム事件と同じだと主張した。つまり、結局は、このプログラムの背後には教師があって、誰がこの時間に礼拝に行ったか、監視しているからだという。ニューヨークの控訴裁判所は、この主張を認めなかった。

そうしてヴィンソンの最高裁判所は、原審を支持したのである。これには少数意見があって、ジャクソンがとくに激しい言葉でそれを書いている。つまりマッコラム事件と、この事件との違いは、宗教教育に強制が伴っているかどうかだが、それは極めてわずかなもので、些細な点を誇張して、強制はここにはないといい、折角マッコラム事件で明示された原則が、コップの中の嵐みたいに消えてしまったのだとジャクソンは主張したのである。

この嵐を、アメリカ社会全体にもう一度はっきり意識させたのが、ウォーレン裁判所の功績だった。ウォーレン裁判所は、宗教と国家との分離を徹底し、「強制」の契機の全くないところでも、宗教行事が国家公共団体の手で行われる限り、それは許されないという。シェンプ事件ではユニテリアンのシェンプが、公立学校の朝礼で、主の祈りと聖書朗読が行われることを定めたペンシルヴァニア州法は違憲だと主張した時に、最高裁判所はその主張を認めたし、マレイ事件では無神論者のマレイが、聖書の朗読を定めたメリイランドの教育委員会規則を違憲だと主張したのを、同じく勝たせせた。

法規そのものにはなるほど、子供の親が、文書で、このような行事を免除してほしいと要求すれば、それが認められると書いてある。しかし実際にそのような文書を自由に出せる環境が社会的に存在しているかどうかはたしかに問題で、もし完全な宗教と国家との分離を実現しようと思えば、ウォーレンの考えたような方式をたどるほかはないことになるかも知れない。

世俗化の問題は、おそらく、宗教が真に生きのびるための一番大きな課題ではないだろうか。宗教は国家と、どんな形ででも結びつくことによって、その真の生命力を失うと同時に、国家によって利用され、政治の侍女と化してしまう。宗教が真に生きて働くのは、直接にそれが個人の内心の自由な活動と結びついて、それ自身の領域に育ち、社会のすべての側面に入り込んでゆく時である。信教の自由、国家と宗教との分離が要請されるのは、宗教が絶対的価値観という、一たび誤って用いられれば、極めて危険な結果を生み出す本質をもっているからである。これを相対的価値観の支配しなければならない人間関係で、正しく発展させるためには、国家や政治からとにかくひとまず切りはなすことが、何よりも大切である。ウォーレンの思考形式の中には、このような基本的な理解が、自然に根を下していたのではあるまいか。

4

ウォーレンは、すぐれた裁判官であると同時に、また卓抜な政治家でもあった。一九五三年に、アイゼンハウアー大統領によって最高裁判所長官に任命される前は、カリフォルニア州知事の職を、一〇年にわたって占めていた。彼が三期目に立候補した時は、反対党の民主党との共同推薦であった。アイゼンハウアーが彼を最高裁判所へ送りたがった一つの理由は、ウォーレンが彼の有力な競争相手として大統領候補指名競争に出るかも知れないというところにあったともいわれる。

知事になる前は州の法務長官であり、その職にある時に、真珠湾攻撃が起って、日系人の多いカリフォルニアは混乱した。彼の一世および日系米人に対する奥地収容計画には、沢山の問題が残っているであろう。戦時中に起ったいくつかの事件(コレマツ対合衆国、ヒラバヤシ対合衆国など)では、最高裁判所は、これらの処分の適法性を認め、ロストウ(イェール大学法学部長)から、それは最高裁判所の伝統的観念と一致しないと非難された(ユージン・ロストウ、日系米人事件)。ロストウのような学者が、戦争中のあの激しい反日感情の中で、アメリカ政府の政策を強く批判した態度には敬服させられるが、役人としてのウォーレンはもっと現実的な姿勢をとる外はなかった。

しかし最高裁判所長官としてのウォーレンは、憲法の論理を、法の社会的機能についての社会学的理解を以て処理することによって、裁判所の前に提起される現実的な問題を、最も妥当な形で解決しているといえる。

一方では、彼の判決に激しく反対して、彼を弾劾に付することを要求しているジョン・バーチ協会のような極右主義者がいる。それは前に述べた種類の判決に対する感情的な電圧の高い議論であって、最近ではとくに法律的な装いをこらすようにはなったけれども(例えばボゼルの前掲書)、十分に密度の細かい意見ではない。こういう意見は、しばしば新聞の投書欄にのっているようである。

しかし他方では、彼の公正さを信頼する気運がある。アメリカ史で最初のカトリックの大統領ケネディの就任宣誓の時以来、宗教と国家との関係は、宣誓を受けたウォーレンにとっても、宣誓を行ったケネディにとっても最大の課題であった。そのケネディが暗殺され、被疑者までが射殺されてしまった時、新しい大統領が調査委員会を作って、その委員長にウォーレンを任命したのは、彼にとっての避け得ない責任の存在を示すものだったのではなかろうか。

(『世界』一九六七年一一月号)

裁かれる裁判所

1

一九三二年、あの世界中をおそった不況の波が、ついに富める国アメリカをも打ちのめしてしまった寒い年の暮。一二月九日の午後三時ごろ、失業中の電気技師二四歳のジョー・マイチェクは、妻のヘレンとともに間借をしていたシカゴの西部、ポーランド移民の住む寒々とした労働者住宅地区で、石炭屋がアパートの路地に置いて帰った石炭を倉庫へ運んでいた。

ちょうどその時刻に、同じ住宅地区の別のところで犯罪が行われていたのである。ジョーンズ夫人の店にピストルを手にもった二人のお客が入って来て、両手をあげろといった。一人は開けはなしになっていた扉から手荒に彼女を台所におしこんだ。もう一人はほかに誰かいるかと思って台所をのぞきこんだが、石炭屋のザゲータと制服の警官ランディがテーブルに腰かけているのを見た。ランディはおどろいて革袋からピストルをとり出して立ち上った。ジョーンズ夫人は押入れにかくれ、ザゲータは台所口から外へ飛び出した。ちょうど通りかかった郵便配達のベッカーは、ジョーンズ夫人の叫び声を耳にし、続いて彼女の家で七発の銃声を聞いた。彼は、ピストルを手にした二人の男が一台の自動車にのって逃げるのを目撃した。ベッカーは店にかけこんで、血だらけになった警察官ランディの死体をそこに見た。

電気技師のジョー・マイチェクが警察に留置されたのには、後に述べるようにいろいろ不運な事情があるが、警察はとにかくこれを徹底的にあらうつもりになっていた。一二月二三日の午後、賊を目撃した三人の人にジョーを対決させた。郵便配達のベッカーは、犯人の逃走してゆくのを見ただけで、思い出せないといった。石炭屋のザゲータは、ジョーは殺人犯人の一人ではないと法廷で証言するつもりだといった。ジョーンズ夫人は、はじめに、彼を思い出せないといった。一時間後にもう一度みせたが、やはり確認できななかった。翌日の午後三時四五分、三度確認を求めた。夫人は、なんのためらいもなく、こういった。

「そうです。私は彼を知っています。彼はあの殺人犯の一人です。」

ジョー・マイチェクは起訴され、陪審に付され、九九年の刑を宣告された。

こうなるには不幸な事情がいろいろ重なっている。第一に、ジョーンズ夫人の店では、禁酒法に違反してウィスキーを売っていた。第二に、その月のシカゴ警察の犯罪検挙成績はよくなかった。第三に、近く万国博覧会がシカゴで開催されることになっていたので、市長は名誉回復のため必死になっていた。第四に、同僚警察官の死は、警察を復讐心に燃え立たせた。第五に、マイチェクは、同級生のマーチンキヴィチが警察をおそれて逃げ廻っているのを三日ばかりかくまってやった。第六に、酒類密売業者のAが、マイチェクの家へ自動車で、マーチンキヴィチを送りとどけたことを自白した。第七に、朝の五時四五分、警察がマイチェクを叩きおこして、マーチンキヴィチのことを尋ねたとき、彼は少々答をためらった。第八に、弁護人は、ジョーンズ夫人が二度まで警察で、マイチェクを確認できなかったのに、反対尋問の時、この点を追求することを忘れていた。第九に、検察側の証人バロン夫人が、マイチェクは事件の直前に、彼女に対してジョーンズ夫人の店の状況や預金について尋ね、「自分はあのもぐり酒屋を手に入れるつもりだ」といったと述べた。もっともあとでマイチェクは、それはバロン夫人の誤解で、自分は、ジョーンズ夫人を「手に入れるつもりだ」といったのだと述べたが。第一〇に、陪審が被告人の有罪を認めた際、弁護人はただちに再審を申請すべきなのに、それをしなかった。

被告人は、こうして、無実の罪で、九九年の刑を言い渡されることになったのである。これが、ジェローム・フランク、バーバラ・フランク共著の『無罪—三六の誤判例』(児島武雄訳、一九五九年 日本評論新社 Jerome and Barbara Frank, Not Guilty, Thirty-six actual cases in which an innocent man was convicted, Doubleday & Co., 1957)の冒頭にかかげられている第一の誤判事件の概要である。

2

読者諸君の中、誰でもいい、全く無実であるのに、不幸な事情がつみ重なって、とうとう九九か年もの長い間、暗い牢獄の中で生活しなければならない羽目に陥ったとしたら、いったいどんな気持がするだろう。

これはまったく、ひとごとではないのである。もっとも、ここにあるような誤判の例は、今日の裁判の手続きからいえば、そんなに多くはないかもしれない。フランクは、右の書物で三六の誤判例をあげているが、それはいずれも裁判の過程のどこかに欠陥があったのである。その意味では、フビライ時代の中国の劇作家関漢卿の作品だといわれる『無実の竇娥《トウヴォ》』のような、賄賂をつかまされた不正な裁判官の故意の誤判とは、違うであろう。この「関漢卿《カンハンチン》」を主人公とし、右の無実の罪をうけた女主人公を劇中劇として演ずる最近の新劇合同公演には、そういう不正への糺弾がひめられているが。

しかし、これら三六の誤判事件の中には、悪意のない証人が公判で「その男です」と間違った証言をし、陪審がその証言を信用して、無実の人間に有罪の認定をした例が、すこぶるたくさんあがっているのは、おどろくほどである。著者フランク判事は、「このような間違った有罪の認定を未然に防止すべき何らかの方法を考え出した者は、誰もいない。また現在われわれは、それらの間違いが事後に発見され訂正されることを保証するどのような手段ももっていない。だからこそ、こうした種類の避けがたい不正がいつまでも無くならないのである」といっているが、そのような避けがたいものを、どこまで避けうるものとするかに、裁判の公正さへの願いの一切がかけられているといっていいであろう。

インディアナ州の小さな町に住んでいた二九歳の新妻ナンシーの例などは、人を恐怖に陥れるほどのものである。彼女は、すでに妊娠し、その身の廻りは満ち足りていたが、さし当って少し退屈していた。隣りの部屋から聞こえてくる話声にふとそこを訪ねてみようという気を起こしたのだが、それが、彼女を数年にわたって刑務所に送りこむきっかけになった。隣りの部屋には、彼女の友人のほかに三人の男がいた。彼女が入ってゆくと、びっくりしたような表情で「われわれが探していたのはこの女だ！」と叫ぶとともに、腕をつかんで部屋の中へ引っぱり込まれ、そのまま逮捕されてしまった。この女は子供づれの小切手さぎ師だと、七人の証人が証言し、裁判官は二年以上一四年以下の刑を言い渡した。

しかし彼女が刑務所に入っている間に、現行犯で真犯人がつかまった。おどろいたことには、真犯人と彼女とは、双生児のように瓜二つであった。

これはおそるべきことである。人間の判断認識に、間違いは避けがたい以上、なんとしてでも、その正確性を保証する方式を講ずるのが、裁判の第一原理ではないだろうか。フランクは、右の例で、もし彼女に金があれば、弁護士は筆蹟鑑定人を呼ぶことができ、この証拠があれば、陪審は、おそらくその考え方を変えたであろう、といっている。全く見ず知らずの人間から、お前が犯人である、と指さされて、そうではないと申し開きをしない限り、牢屋に閉じこめられるというのではたまらない。

同一人でないことの証明を強要されるのは、とくにその相手方が何ものか皆目見当がつかない場合には、ナンシーならずとも、誰でも途方にくれるに相違ない。

3

このような証人の証言――汝が犯人である、と断乎として指さしてくる証人に対して、被告人がはなはだ無力であることは、大きな問題であるが、これに輪をかけた危険は、証人が、検察側から報酬をうけている者である場合である。売春婦とか、麻薬常用者とかが、検察側の証人として使われることが多い。フランク判事は、「これは当局が、いかがわしい人物、犯罪人、地下組織の人間たちと手をつなぐものであって、ほめた図ではない」といいながら、「にもかかわらず、裁判所は、このような卑しむべき人間の証言を受け入れている。それは、なぜか。他の方法によっては、犯罪を発見し処罰できないことが多いからである」と説明している。

しかし、他に方法が全然ないとはいい切れないようにも思われる。むしろ人間の証言は、いろいろな意味で信頼できないことが多いので、ほんとうは客観的・科学的な証拠収集が望ましいのである。

実際にも、報酬を受けている証人は、嘘の証言をする強い誘惑にかられやすく、実例として、密告者の一人が、無実の罪人を四〇人も「でっちあげた」ことを白状している、とフランク判事も述べているくらいである。元共産党員で、後に政府の密告者となり、二八〇人の被告人について、その共産主義活動に関する証言をしたハーヴェイ・マツーソーは、後に手記を書いて、これらの証言はすべて嘘であったと述べた(Harvey Matusou, False Witness, 1955)。このような政府に対して弱味をもっている人間、前科者、地下組織の人間といったような人たちを利用して得た証言には、本質的に危険があるといっていいであろう。

同じように危険なのは、証人が幻想にとらわれている場合である。証人が強い偏見をもっている場合には、空想あるいは被害妄想から、ありもしない犯罪が、あたかも起ったことであるかのような錯覚を生んでしまうのである。一九二三年のモントゴメリー事件は、マミーという六二歳の未婚女性が、モントゴメリーという黒人によって乱暴されたという幻想を抱いたことにはじまり、キュー・クラックス・クランに属する検察官によって、暴行は行われなかったという医師の診断を秘密にしたまま告発され、大陪審はマミーの証言にもとづいて彼を起訴し、ついにモントゴメリーは二四年の絶望的な刑務所生活を送るというおそるべき結果をもたらした。なおこの事件は、後に人身保護令状が発せられ、前に検察官が秘密にしていた暴行はなかったという医師の証言が明らかにされ、やっと二四年目(!!)に誤判ということがわかって釈放されるのであるが、この時、黒人モントゴメリーが、釈放に当って受けた唯一の補償は、典獄の与えた一〇ドルだけであったという。

「被告人側には知られていないが、もしその証言が陪審に信用されるならば被告人に有利になるような証人を、検察官が知っていると仮定する。その検察官は、被告側の弁護人に対して、その証人のことを知らせる義務を負うだろうか。」フランク判事は、このような問題を提起したのち、「刑事裁判は戦いである」という思想にかぶれている若干の法律家は、右のことが知らされなかったために有罪になったものに救済を与えようとする最近の傾向に、反抗しているけれども、しかしアメリカ法曹協会の倫理規範の定めているところはそうではないとして、次の一か条を引用している。曰く「公訴に従事する法律家の第一の義務は、有罪とすることではなく、正義が行われるように監視することである。被告人の無実を立証することができる事実を隠蔽しまたはかかる証人を秘匿することは、強く非難すべきことである。」

このことは、日本の問題としても真剣に考えておく必要があると思われる。もちろん、例えば松川事件の「諏訪メモ」が、検察側によって故意に秘匿されたのかどうか、またそれが被告人の無実を立証することのできる証拠かどうかは、裁判所の判断すべきことである。しかし一般的にいって、証拠として少しでも役に立ちそうなものならば、決して秘匿されてはならないということは、いって差し支えないと思われる。

さて右のように、一般的にいって、証人の証言には根本的に問題があることが、フランク判事の指摘するところであるが、これにかえて科学的犯罪捜査の方法を強化することが、何ものにもまして要請されるであろう。ことに刑事裁判につきまとうのは、時間という要素である。証拠がみつかるまで何年も事件を放置しておくことが許されない以上、確実敏速に証拠を収集しなければならず、またそうでないと、不十分な証拠による誤判という危険もあることに留意しなければならない。

フランクは、偽証を暴露する一つの方法としての「嘘発見器」の価値を論議している。日本ではこの器械がある程度用いられているらしいけれども、フランク判事によるとアメリカでは、「ほとんどすべての裁判所は、嘘か真実かの証拠とするために、嘘発見器を用いることを拒否してきたのであり」それがまた心理学・精神病学の立場からは正しいものだという。この問題については、筆者は十分な判断をする知識をもっていないけれども、科学的犯罪捜査としては、まだそれが本道ではなく、別の道がもっと追求されるべきであろうと思う。とくにフランクがここで、かりにいつの日にか、嘘を完全に発見しうる器械が発明されたところで、やはり、それは、誤判をなくすのにはそれほど役に立たない、といっているのが注目される。問題は、本人が嘘をいうかどうかだけにはない。誠実で本心にいつわりのない、しかも間違った証言、というものがたくさんあるからである。そういう証人から、「お前が犯人だ」といわれてはたまらないのである。

4

無実のものが罪に陥れられる危険の一番大きなものは、拷問である。それが憲法の保障する基本的人権を侵害するものであることは明白なのに、フランク判事は「わが国の裁判所の記録から判断すると、警察は、これらの諸権利を必ずしも熱心に保護してこなかった」という。拷問の一番いい方法は、ゴムホースで、その他、水療法、歯神経穿孔法、反復打撃法、発汗箱、光線法、睡眠阻止法などがある。統計をとることは困難であるが、一九三〇年のアメリカ法曹協会委員会は「公式の記録のなかにある……事件の各一つ毎に、数百いやおそらく数千の何らかの形における拷問使用の実例がある」と報告しているという。

ところでフランクが、拷問の残酷さのほかに、それが一部の人に対してのみ用いられることを指摘しているのは注目すべきである。すなわち拷問を黙認するということは、実際には二つのことを意味している。第一は、警察は、犯罪発見のためには、自ら法をふみはずしてもよいということ、そうして第二は、市民の自由は、概して、職業的犯罪人と、いわゆる上流階級との独占的な特権であることである。トルーマン大統領の市民権に関する委員会が、「犠牲者はたいてい無知で、よるべのない人間である」といい、ディーン・パウンドは「独占禁止法違反の証拠を得るために、この拷問にかけられた金持は一人もいないし、収賄や汚職の証拠を得るために、有力な政治家が拷問された例はない」といっているという。

もっとも日本の実際では、いわゆる上流階級が拷問された例がないではないようである。例えば、穂積博士がかつて特別弁護人として弁護された帝人事件の被告人の場合などがこれである。しかし、この場合の拷問というのは、相対的な環境の変化による精神的苦痛にすぎないともいえる(穂積重遠『続有閑法学』所掲「帝人事件特別弁護速記」参照)。と同時に、他方では、警察官が、自分よりはるかに上の階級に属する人々が急転直下、自己の権力の下に陥ってきたことに満足を感じて、一種の加虐趣味を充足させる傾向がないとはいえない。このことは、戦前の日本社会の厳格な階層構造の一つの産物であり、全体として、フランクの描写しているアメリカの問題以上の問題がそこに存在していたことを感じさせるものといえよう。

さて被告人を、このような絶望的な状態から救い出すものとしては、いくつかの方法が考えられる。

その一つのすぐれたものが、法廷戦闘方式の採用強化である。

法廷戦闘方式の根本観念は、法廷にあらわれた原告と被告とが、したがってその代理人である法律家が、おのおの一定のグラウンド・ルールに基づいて、互いに、強い党派心をもって秘術を尽して戦い、自己の側に有利な証拠に、陪審(あるいは裁判官)の注意を向けさせ、相手方の提出した証拠の信憑性をくつがえすために努力し、かくしてそのベストを尽した後に、裁判官が厳正な判断を下すことによってのみ、裁判の公正は保たれるとするのである。

このような闘争を行うためには、法律家にとって熟練した法廷技術が必要になってくる。この法廷技術の駆使を、ある殺人事件の分析を通して興味深く示したものが、トレイヴァーの『錯乱』(井上勇訳、創元社 Robert Traver, Anatomy of a Murder, 1958)である。「ニューヨーク・タイムズ」の書評欄にあげられた全米ベスト・セラーに、一〇か月近くも連続してトップを占めていたのが、はたして法廷における弁護士の虚々実々の作戦行動に読者がひかれたためか、それとも、この殺人事件の裏にあるもう一つの犯罪に興味をそそられたためかはわからないが。

しかし弁護士の法廷における緻密な作戦行動地図の作成と、相手方に対するその秘匿と、そうして相手方の動きのかくされた意味を追求する刻々の判断とは、たしかに推理小説に匹敵する面白味をそなえている。「検察側では、こちらに手痛い情報の、その入口までこの証人をつれていっておいて、いきなり、あっさり投げ出して、私に引き渡してしまった。——いったい、何を企んでいるのであろうか」と、弁護士が考えはじめると、読者も、これについて考えてゆくことだけが、この気の毒な被告人を救い出す唯一の途であるような気がしてくる。

もっともこの弁護士は、相手の検事と選挙で争って敗れたばかりで、それだけ敵愾心にもえているのだけれども、むろん依頼人である被告に対する同情や、公正な裁判への要求もその心の底に烈々と燃えさかっている。

ところで、もう一度フランク判事にかえると、この有能な判事で、しかも司法過程のすぐれた研究家でもある法律家は、戦闘理論あるいは競技理論の意義を尊重しながらも、「それにもかかわらず、裁判が戦いであるという考えを強調しすぎると、しばしば、きわめて重要な証拠を明るみに出すことを妨げ、あるいは重要な証拠を曲げて提出するという」危険な結果の生じることを指摘するのである。

このことはたしかに見逃されてはならない重要な論点を含んでいる。トレイヴァーの『錯乱』では、被告人はたしかに殺人を犯していた。弁護士のなしうる最善のことは、精神異常の理由で、これを無罪にすることができるか、というだけである。そこへ導いてゆく弁護士の手腕は、たしかにすばらしいものである。

読者は、数年前に上映されたアガサ・クリスティ原作の『情婦』という映画を見たことがあるだろうか。原題は Witness for the Prosecution で、殺人を犯した男の妻が、なぜか訴追側の証人となって、夫にはアリバイがないことを立証しようとするが、老練な被告人側弁護士の手にかかって、次々とその証言の矛盾が究明され、とうとう訴追側が敗れて陪審は無罪の評決をする。しかしそれが実は、はじめから仕組まれた妻の計略であった、という弁護士のすぐれた法廷技術に含まれた危険性を述べた面白い物語である。もっとも映画ではそのあとにまだ観客をおどろかせるようなどんでん返しがかくされているが、それはここでは触れない。

こういう例をみてくると、弁護士の技術は、必要欠くべからざるものには相違ないが、また、はたして真相発見の唯一の正しい方法であろうか、という疑問も湧いてくるのである。フランクは、別の著書、古賀正義訳『裁かれる裁判所』(Courts on Trial, Myth and Reality in American Justice, 1949)の中で、The "Fight" Theory v. The "Truth" Theory (戦闘理論対真実理論) という一章を設けて、戦闘理論について人々の抱いている懐疑心、何かよくわからないトリックやうまいことをいって人をだます技術が、そこで行われており、自分の運命がそういう不思議なゲームの結果にかかっているという人々の心配について論じている。これはたしかに考えてみなければならない問題点である。

ただ筆者の印象では、アメリカと日本とでは問題のあり方が全く違うのではないかと思われる。アメリカでは多年にわたって、公開の法廷での弁護士の虚々実々の手合せ、とくに陪審を前において証人のうそや相手方弁護士の作為やを、白日にさらして真実を発見するという技術が極度に発達したのちに、そのすぐれた技術による反対の作為の危険が指摘されるにいたったのである。これに反して日本では、いまだに法廷の裏で作られた証拠を基にする裁判の痕跡が残っているようにみえる。これが戦前の暗黒裁判警察裁判の本質であった。今日の裁判はしたがって、公開の法廷で技術をつくして、みえないところで作られた疑いのある相手の証拠をくつがえし、真実を究明することを本質としなければならない。そうしてそれが正しく行われるかどうかに、裁判の公正さの保障がかかっているのである。いわば、今日の日本での公正な裁判は、法廷技術の訓練からはじまるといっても過言ではないのである。このことを明快に指摘したものとして、戒能通孝教授の『法廷技術』(岩波書店)は、貴重な貢献であったといわなければならない。

5

おわりに、『無罪』の著者フランク判事についての私の思い出をつけ加えておきたい。はじめて読んだ『法と現代精神』(Law and the Modern Mind, 1930)では法学が詐欺の膨大なかたまりだというような非難の数々が、問題の出発点として、冒頭に引用されている。そして、フロイトの精神分析の方法によって法的安定性の神話を説明する(この点については、鵜飼『現代アメリカ法学』一一九頁)。それから、『もし人間が天使であったら』(If Men were Angels, 1942)、『運命と自由』

(Fate and Freedom, 1945)、続いて『裁かれる裁判所』(上掲)が出た。どれもすぐれた著作としての本質をもっていると思う。何よりもそれは爆弾的であって、誰もが疑わないような既存の観念を一挙に懐疑の淵へ投げ込んでしまう。しかし著者はありきたりの偶像破壊主義者《アイコノクラスト》のように、あとは知らぬ顔でいるのではない。必ず自分の望む高く正しい理念への情熱をかけて、読者にその解決への暗示を与え、自分の試案を示し強い激励のことばを伝えようとするのである。

一九五六年の秋、イェール大学で昼食会に招かれたとき、フランク判事と席が向かい合っていた私は身近にその熱烈な談論に耳を傾けていたことを、感懐をもって思い起す。翌五七年の一月フランクは、娘のバーバラにみとられながら急病で世を去った。『無罪』はその死の二日前に完成した遺稿である。

(『法学セミナー』一九五九年四月号)

裁判における詩と真実

――サッコ＝ヴァンゼッチ事件を顧みて――

ハワード・ファストというアメリカの詩人が『死刑台のメロディ』という本を書いた。この本を材料にした映画がある。内容はサッコ＝ヴァンゼッチ事件である。この事件の判決があってから、かなり沢山の書物や論文が出た。その中に二つの種類のものがある。一つは被告人二人は無罪だというのに対して、もう一つは判決は正しい、というのである。この裁判が間違っているという運動は世界中で行われた。この時のデモの写真も映画の中に出てくる。

それからこの二人は無罪であるという声明を発した有名な人も沢山いる。ハーヴァードの教授フェリックス・フランクフルター、後の最高裁判所裁判官。それから評論家のウォルター・リップマン、哲学者のジョン・デューイ、文学者ではH・L・メンケン、ジョン・ドス・パソス。イギリス人のハロルド・ラスキ、H・G・ウェルズ、そういう人たちが、この二人は無実の罪であるということを主張した。それから三〇年近くたって、一九四八年のことだが、ハーヴァードの証拠法の教授エドモンド・M・モルガンと、ニューヨークの文学の教授ルイス・ジューギンの二人が、『サッコ＝ヴァンゼッチの遺産』という大きな本を書いた。この中でもこの二人は無罪だということをいっている。一九四七年に知識人のグループがこの二人は無実だといって、レリーフをつくってマサチューセッツ州にこれを建てるように要求した。その中には、ルーズベルト夫人であるとか、アルバート・アインシュタインなどが入っていた。

無実であるという主張はその後もずっと続いているが、反対の意見もある。ドイツでは、ユルゲン・トールワットという人が、この二人は殊によったら有罪かもしれない、と言ったというので、サッコ、ヴァンゼッチの遺族が名誉毀損の訴訟を起したが、原告の敗訴になった。しかし無罪という意見も依然としてある。最近ではハーバート・エアマンという人が、『この事件はまだ終わらない』という本を書いて、この裁判は間違っていたということを主張している。彼は事件のときの弁護人として活躍した人だ。

論争もある。有名なのは事件の起った当時の、ウィグモア（ノースウェスタン大学教授）とフランクフルターの論争である。ウィグモアは、この判決は被告に対して不公正なものでは全くないということを強く主張した。裁判官は被告人に対して公正な裁判を与えるように最善の努力をしたともいっている。これに対してフランクフルターは、そうではないと断定した。

刑が執行される直前にマサチューセッツ州知事が委員会をつくった。委員長はハーヴァードの総長ローレンス・ローウェルで、三人の委員で事件を調べた結果、判決は間違ってないということで間もなく刑が執行になった。ローウェルという人はハーヴァード法学部の教授だった人で、その前には弁護士を長年しており、その人がそういう断定をしたわけである。

昨年ハーヴァード・ロー・スクールでサッコ＝ヴァンゼッチ事件に関する関連図書の展示会があった。これを準備したのはハーヴァード・ロー・スクール図書館の管理者をしているミセス・チャッドバーンでこの人はロー・スクールの証拠法の教授の奥さんである。私は昨年の一二月に、ハーヴァードへ寄ったときチャッドバーンさんにお会いした。この事件は五〇年もの間争われている。最近は、裁判が間違っていなかったという意見が出てきているということをいわれたのだが、そのうちの一つが『トラジェディー・イン・デッダム』である。著者のフランシス・ラッセルは、この裁判は間違っていないという。歴史評論家で、読みやすい名文を書くひとだ。彼の著書で有名なのに「ティーポット・ドーム・スキャンダル」を取り扱ったのがある。いまのウォーター・ゲートのもう一つ前の事件だけれども、ハーディング大統領が原因不明の急死を遂げたが、この事件に関係があるともいわれた。『花咲く森の影』というのが、それについて書いた書物である。『トラジェディー・イン・デッダム』も、よく売れて、デッダム裁判所での裁判があってからちょうど五〇年目の一九七一年にその五〇年を記念する出版としてペーパーバックが出た。

簡単に事件の概要をいうと、一九二〇年の四月一五日の朝、サウス・ブレイントリーという人ロ一万何千かの小さい町へボストンから製靴会社の給料を送ってきた。現金輸送の委託を受けていたのが、アメリカン・エクスプレスで、その頃ホールド・アップが続発したというので、従来ずっと水曜日に送ってきていたものをこの週は木曜日に日をかえて、ちょうどこの四月一五日の朝、鉄の箱に入れてそれを送ってきた。

そのころ銀行の襲撃事件や、ちょっと前だがクリスマスの前日に別の靴会社の給与強奪未遂事件があった。それでみんなピストルをズボンのポケットに差し込んで、お金を扱っていたのだが、アメリカン・エクスプレスの担当者が送ってきたお金を会社へ持って行って、そこで、一万五七七六ドル五一セントというお金を取り出して、それを五〇〇人の職員の一人一人の給与袋に分けて入れる作業をしたものだから、終わったのが大体三時頃。会社の給与係りのパーメンターと護衛係りのベラルデーリ(フランクフルターはBerardelliと書いているが、この事件のマサチューセッツ州最高裁判所の判決文にはBeradelliとある)の二人でそれをまた鉄の箱に入れて工場へ持って行こうとして表の通りに出たところをピストルで狙撃された。護衛係りが三発、続いて給与係りが二発撃たれて、倒れたところをお金を奪って仲間の自動車で逃走したという事件である。

だいたいピストルを撃ってから、逃走する自動車が姿を消すまでの時間は一分もかからなかったんじゃないかと言われている。ただ白昼、町の真ん中で起った事件だから、大体五十何人という目撃者があったのだが、その証言にも問題があったようである。

それから三週間後の五月五日の夜一〇時過ぎに、電車に乗っていた二人のイタリア人が逮捕される。これがサッコとヴァンゼッチであるが、この二人が逮捕された経緯は、犯人はイタリア人らしいということと、同時に無政府主義者がやったんではないかという噂があった。たまたまボストンの近郊で、イタリア人の無政府主義者が自動車を修理に出していたのが、長い間まだ受け取られないままである。それで、警察の方では、もしもその自動車を取りにきた者があったら通報してもらいたいといっておいたのだが、五月五日の夜取りに来たのに、まだ修理が完全でないといわれたので帰ってしまった。その帰り路にたまたまサッコとヴァンゼッチは電車に乗っていたのを警察の手で尋問をされ、ピストルを持っていたということで逮捕されたのである。

この裁判の問題点の中心はほとんど全部事実問題である。とくにこの二人が強盗事件の犯人であるかどうか、そういう事実問題につきている。被告人の側では、死刑の判決後新しい証拠をあげて再審の請求をしたが、これは拒否された。それでさらにこれに対する異議の申立てを州高等裁判所にしたが却下され、さらにこれに対する抗告も三回にわたって、州最高裁判所で却下された(これらの判例についてはEmerson and Haber, Political and Civil Rights in the United States, vol. 1 p. 291, 1958)。合衆国最高裁判所もついにcertiorari(移送命令)を発することがなかった(275 U. S. 574, [1927])。

そこでその事実問題がどう議論されるか。証人の証言と、物的な証拠のどちらも問題になった。

まず証人だが、五十数人の者が見てるわけだし、被害者の一人の給与係りは撃たれてから、一四時間くらいは生存をしていて、自分を撃ったのはどういう人間であるかということを言っている。しかし、これらの証言を基にして、この二人のイタリア人が果たして犯人であるかどうかということは、ある意味でははっきりしているとも言えるし、ある意味では問題を残しているとも言えるわけである。

西欧の裁判では犯人のアイデンティフィケイションの方法は、誰が見たというところに重点をおいているように思われるのだけれども、これはどうも西欧的な考え方じゃないかという気がする。雑誌でも例えば『タイム』などは、表紙に時の人の顔をのせる方針をとっているが、あれは西欧式だと思う。西欧人はアイデンティファイする場合に顔というものを重要な手掛かりにしている。しかし間違えることがあり得るというところに問題がある。

この事件の中でメリー・スプレインという、会社の女子職員の証言が一つの決め手になっているのだが、この証言も実はあまりはっきりしていない。走ってゆく自動車を何秒という短い時間見ていただけで、乗っていた人を識別できるわけがないともいえる。その他五十何人の証言についても確かに問題があると思われる。

それからもう一つは、証人の証言には嘘がある。嘘発見器というものがあって、嘘は発見できるということが犯罪科学の研究の方からは言われているけれども、これもなかなか問題がある。

私は昨年の夏休みにF・リー・ベイリーという弁護士の『ディフェンス・ネバー・レスツ』という本を読んだ。普通、嘘発見器は、検事側で被疑者、被告人が嘘をついているのじゃないかという追及をするのに使われるのだが、この本によると、被告人が自分で証言をしたい、あるいは重要な証人を呼んで証言をさせたいという場合に、それが間違いないということを証明する為に嘘発見器にかけてくれということを主張する。ところが裁判所がそれを取り上げないので困ると言っている。

もう一つはアリバイである。四月一五日の午後三時頃の事件だから、その頃にサッコとヴァンゼッチがどこにいたのかということが証明できれば具合がいい。サッコは工場で働いていたのだが、本国に帰りたいというので、その日はボストンに手続きのため行ったということを言っている。汽車に乗って行ったので、その汽車の中で自分を見た人がいると主張した。そういう人も後に現れてくるのだけれども、然し何分にも過去のことだから、本当に四月一五日にどういうことをしたかということを間違いなく明らかにすることができない。それからヴァンゼッチの方はその日は魚の行商に行っていたというのだが、これもこれを認める証言があるけれども、裁判所はあまり重要視しない。

たしかに、こういう観察や記憶に頼ったアイデンティフィケイションの方法というのには疑問が残ると思う。

客観的証拠の一番はっきりしているものは指紋だが、この事件の場合には犯人がお金を盗んで逃げて行った自動車を乗り替えて、その自動車が捨ててあるのが見つかっている。その自動車から指紋が取れれば、これと被告人の指紋との比較をすれば確定するわけである。自動車から指紋がとれたということも言われているのだけれども、法廷で確かに被告人の指紋と同じだったということは立証されなかったようである。

もう一つは写真である。写真もこのごろは銀行等では犯人がきたときに直ぐ写真が写せるように設備がされている。しかし街頭で強盗を働くという今回のような場合にはなかなか写真も撮れない。この特定の人間が確かにこの犯罪を犯したのだということを証明する方法には、いろいろ難しい問題があると思われる。

そこでむしろ犯罪に使われた物件の中にはっきりした証拠があるのではないかということになる。この事件の物的な証拠の中心はピストルである。ピストルで撃たれている二人の被害者は解剖されて、ピストルの弾丸は回収されている。その弾丸が果たしてサッコの持っていたピストルから発射されたものであるかどうかということが問題になった。これは最初の頃はそれと同じ種類の弾丸が手に入らないので実験ができないということであった。解剖を担当した医者は弾丸を摘出したときに弾丸の裏の方に番号を彫り込んでその番号で体のどの部門から出たものであるかということがあとでもわかるようにしてあった。そのうちのIII番という印をつけた弾丸が致命傷を与えたものだった。エアマンの説明によると、法廷に出たそのⅢという弾丸の記号が、外のと同一の筆跡と言うか、同一の針を使って同一の人が彫った字ではないのじゃないかという疑問が出て来ている。確かにそういう証拠というもので被告人が有罪になる為には、その根拠はかなり確実なものでなければならないわけである。この場合有罪説をとっているラッセルによると、実はこれはそういう実験がそのときはできなかったのだけれども、後に一九六一年になって、実験ができるようになった。つまり同じ種類の弾丸が手に入って、それをサッコが逮捕されたときにサッコの持っていたコルトの拳銃を使って発射してみたところが、その発射のときに弾丸の後ろにこういう筋がつくわけだけれども、弾丸を二つに割って、実際に体から取り出されたものと、それから実験で使われたものとの二つをつなぎ合わせると、その条痕がぴったりと一致する。これはもう間違いなくこのピストルを持って犯罪を犯したという証拠であるということをたいへん強く主張して、サッコ、ヴァンゼッチのうちの少なくともサッコは有罪であることが非常にはっきりしているということを言ってるわけであるがⅢ番の弾丸がほんものでないと、これにも疑問が残る。

こういうふうに事実の問題についていていろいろ問題が残っているけれども、しかし社会的に大きな問題になったのは実はそういう犯罪事実の問題ではなくて、もっと問題の社会的な背景の方である。事件の起ったのは一九二〇年である。ロシアの革命は一九一七年、ドイツの革命は一九一八年、ちょうど第一次世界戦争が終わって世界中が非常に混乱をしていた。アメリカでは戦争中の影響としてドイツに対する敵愾心があり、アメリカはドイツ的なものは何でも排斥するという時代がずうっと続いていた。「サウワークラウト」という字は使わない。そのかわりに「リバティ・キャベツ」という字を使う。あるいはワーグナーという指揮者がいるが、この人は名前を変えて、ジョン・フィリップ・スーザという名前になって、ポピュラーな行進曲を作曲した。場合によると、ドイツ語を学校で使ってはいけない、州内で使ってはいけない、というようにいろいろな制限が出てくる。しかし一九二〇年代になると、それよりもむしろイタリアに対する反感が出て来た。一九一九年には、ウィルソン大統領の下で憲法が改正されて禁酒法が施行され、以来、禁酒法を破ってお酒の密醸造、密輸送、密売買をするギャングが出て来た。ギャングは大体アル・カポネのようにイタリア系の者である。後にルーズヴェルトの下でまた憲法を改正し禁酒法を廃止してしまうと、従来禁酒法時代に密売買その他で利益を得ていた人達が仕事がなくなって、今度は直接に銀行を襲撃するギャングになるわけである。ベストセラーになった『ゴッド・ファーザー』に出て来るのも、みんなマフィアの仲間、イタリア系のものである。こういうことからイタリアに対する反感が出てくるのだけれども、このイタリアに対する反感が同時にイタリア人の中に無政府主義者が多くて彼らがアメリカの社会を混乱させているということから、イタリア系の無政府主義者に対する社会的非難というものが強力になった。

一九二〇年代というのは、アメリカでは「揺れる二〇年代《ローリング・トウエンテイス》」といわれる激動の時代であるが、その激動の中に無政府主義者が暴力を用いて秩序を乱しているということがあって、ちょうどいまの日本とちょっと似ているが、小包で爆弾を送るというふうなことが、たびたび行われた。一九一九年の四月二八日には、シアトルのハンセン市長が小包爆弾を受け取っているし、それから上院の移民委員会委員長のハードウイックという人のところにも小包爆弾が送られてきた。これは小間使いがそれを開けて両手が吹き飛ばされるというふうな事件になった。それからJ・P・モルガンであるとか、ジョン・D・ロックフェラー、あるいはオリバー・ウェンデル・ホームズ最高裁判所裁判官、それに司法長官のパーマー、そういう人々のところに全部で三四個の小包爆弾が送られてきた。

この事件の被告人の一人であるヴァンゼッチは、かつて無政府主義者の首領であるガレアーニという人について、「我らの指導者」と言ったことがある。そのガレアーニというのは本国に送還されてしまったけれども、そのあとでアメリカの市内の八つの都市で爆弾が投げられた。そのうちの一つは、司法長官パーマーの公邸の玄関で投げられて玄関は吹き飛んでしまった。その道の向こう側には海軍次官の公邸があるのだけれども、当時の海軍次官は後に大統領になったフランクリン・デラノ・ルーズヴェルトで、その家も被害を受けた。実はこの爆弾は時限爆弾であるが、予定の時間よりも前に破裂したらしくて、その為にこれを持ってきた人間が爆破されて、死体が飛び散って、その一片はルーズヴェルト家の玄関で見つかるというショッキングな事件になったわけである。

爆発した爆弾のほかにトランクがあって、そのトランクの中にピストルが二丁とダイナマイトが二五ポンド、それから水玉模様のボウタイが入っていたり、洋服が入っていたり、その他いろんなものが入っていたのだが、そのほかにビラがあって、ビラの一番終りのところに「革命万歳、専制打倒、無政府主義の戦士」と書いてあった。その他にも裁判官の家が爆弾で破壊されるという事件がニューヨークやピッツバーグで起っている。

このほかボストンでは、メーデーのパレードをしているときに逮捕された者に非常に厳しい処分をした裁判官が鉄パイプ爆弾を投げられて、公舎が破壊されるといったような事件が起った。死傷者はほとんどないのだけれども、しかし爆弾で家が壊されるということで、世間一般が無政府主義者に対する恐怖心を持つということになった。

実はもっと以前の一八八六年有名なシカゴのヘイマーケット事件はやはり無政府主義者の集会であるが、爆弾が投げられて警察官六人が死亡するというふうなことになった。それから一九〇一年の大統領マッキンレイの暗殺事件でも、犯人は無政府主義者であるということで、無政府主義者に対する非常な恐怖心があって、そこでこういう事件が起ったときに司法長官の指揮で無政府主義者の本部を襲撃する、大勢の者を逮捕するというようなことが行われた。また三千人位の外国人を本国に強制送還するというふうな計画もあって、実際には全部を送還はしなかったようだけれども、大きな問題になった。サッコ＝ヴァンゼッチ事件はいわばこういう背景があって、それに対する一種の社会的反応ともいえるのである。

終りに「裁判における詩と真実」とはいったい何かにふれたいと思う。詩とここでいっているのは、おおよそ次の三つのことを意味している。第一は、当事者被告人に対する同情心、第二は、思想的な基礎をもった一種の理想にひき廻されること、そうして第三は、乾いた、形式的な法律関係の中にひそんでいる生きた人間的な関係の発見である。

第一の意味で、裁判における詩を取り上げているのは、例えばイェーリンクの『権利のための闘争』で論じている『ヴェニスの商人』における裁判の批判で、そこにはアントニオに対する同情シャイロックに対する憎しみが、裁判官ポーシャの論理を蔭で動かして、裁判の論理としては極めて不正確なものになったことへの批判がある。

サッコ事件の担当裁判官セイヤーは「詩人の熱情」をもって、判決の原稿に手を入れたと、前記のラッセルはいっている(二〇六頁)。法廷は花で飾られていたそうである(二〇七頁)。しかし彼は陪審に向って次のように説示した。「諸君は、同情や偏見の光線に対しては、眼をつぶっていなければならぬ。むしろ、真実、理性および健全な判断の美しい陽の光りをつねに進んで受け入れるようにしなければならぬ」(二〇八頁)。これはこの第一の意味の詩が、法廷で拒否されなければならぬことを意味しており、そのことは法論理的には正しいと私は考える。

第二の思想的な事件の受けとめ方にも問題がある。裁判官セイヤーは、無政府主義者イコール徴兵忌避者という観念をもっていたようであるが、そのような意味での詩的観念が裁判に入ってくることには注意が必要である。これは反対の場合も同じことで、最近報道されたフランスのある殺人事件で、富裕で怠惰なブルジョアが、労働階級に属する被害者を殺したのだと判断した裁判官が、事実よりも世界観に動かされていたといわれるのなどが、これに当る(『タイム』一九七三年五月七日号、『言論人』同五月二五日号)。この意味の詩も、裁判に入りこむことは許されない。

しかし偉大な裁判官であったO・W・ホームズは「すぐれた裁判官はすぐれた詩人でなければならぬ」といった。私はここでいわれている詩—詩人とは、上にあげた第三の意味であると思う。W・H・オーデンというイギリス生れのアメリカの詩人がLaw Like Love「法は愛のように」という詩を書いている。

愛のように、どこでまたどうしてかを私は知らない
愛のように、それを強制したり、それから逃げ出したりはできない
愛のように、われわれはたびたび泣く
愛のように、われわれはそれを破ることがある。

しかし、法はたしかに詩をもたなければいけないけれども、法は必ずしもこの詩のようなもの

ではないであろう。このような関係にあるのは、法の適用される人間関係、事実関係である。私は一番大切なのは、峻厳な、客観的な事実が、複雑な人間関係、人間の愛と悲しみの詩的な感情に包まれてのみこの世に存在しているということを知ることだと思う。それは、形式的な法律関係、客観的な事実関係の意味を正しくつかまえるのに欠くことのできない視角を提供するものである。この意味で、裁判官や検察官も、また学者や弁護士も、裁判における詩と真実を正しい意味で理解し、それぞれその大切な仕事に貢献されることを祈ってやまないものである。

（講演『法と人権』七号　一九七四年一二月）

追　記

サッコ＝ヴァンゼッチ事件で無罪を主張していた人たちに対する偏見がかなり強かったことは、一九三二年六月二二日に、ハーヴァードの教授フランクフルターが、マサチューセッツ州知事エリーによって州最高裁判所判事に指名された時、前知事フラーが強い反対の意見を表明したことにも示されている。フラーは、フランクフルターは「殺人者に公然と味方する者」だといい、もしこの指名が議会で承認されるようでは、「マサチューセッツで、殺人が盛んにならないわけがない」とまでいった。しかしホームズ判事は「この指名に興奮」し、ラスキに対して、「サッコ＝ヴァンゼッチ事件とのかかわり合いが、こんなに根深い偏見を残したというのは不思議」だと書き送っている（鵜飼訳『ホームズ＝ラスキ往復書簡集』一九八一年　岩波書店、二九二－二九三頁）。

一九七七年七月一九日、マサチューセッツ州で、サッコ＝ヴァンゼッチ両氏の無罪記念式典が行われ、ズカスキ知事は「裁判は不公正に満ちていた」とし、「両氏とその家族、その子孫から一切の汚名と不名誉が取り除かれる」と宣言した。死刑執行五〇周年の一九七七年八月二三日は「サッコ、ヴァンゼッチ追憶記念日」とされた。裁判所は何の措置もとらなかったから、これは行政権による一種の恩赦のようなものである。

この事件については大岡昇平「サッコ、ヴァンゼッティ事件」（『大岡昇平集』6　岩波書店）、奥平康弘「サッコ・ヴァンゼッティ事件とフランクファーター教授――『大岡昇平集』第六巻「解説」余滴――（『図書』一九八三年四月号）、小此木真三郎『フレームアップ――アメリカをゆるがした四大事件』（一九八三年　岩波新書）など興味深い読物がある。

無罪と有罪との間

――松川事件雑感――

1

松川事件差し戻し審で、仙台高裁が全員無罪の判決を下したことに対する国民の反響は、裁判というものの性格を考えさせるさまざまな論点を含んでいる。

この反響は、大きく分けると次の二つになる。

第一は、裁判所に無条件の信頼の念をもっている人たちで、これらの人々は、裁判所が「五人は死刑だ」といえば、ずいぶん悪いことをする人がいるものだと思い、最高裁判所が「原審は事実を間違って認定したように思われる、この判決をこのままにしておいたのでは、著しく正義に反する」といえば、なるほどまだ実際にこれらの人がそんな行為をしたのかどうか確実ではないのかと考えなおし、そうして差し戻し審で、「新しい証拠によると、重要な被告人に、はっきりしたアリバイがある、だから実行行為の証明はくずれる。また謀議についても合理的な疑いが深い。

全員無罪」といえば、やっぱりそうだったのか、無実の者が刑に処せられなくて、よかったと喜ぶ。この種の反響を示したものがどの位の数に上ったかはむろん正確にはわからないが、一般国民の中にかなりいたのではなかろうか。

これに反して、第二のグループは、裁判に対して、はじめから強い不信の念をもっている。あるいは、裁判の判決いかんにかかわらず、何らかの理由で、自分自身の結論をもっている人たちである。この人たちは、また二つのグループに分れる。甲は、被告人は全員無罪であり、この事件は、デッチあげ(frame-up)であり、裁判官は政治圧力その他法論理以外のなんらかの力によって動いているとみる人たちである。これに反して同じグループの中でも乙は、真犯人は、たしかにこの被告人の中にいると信じている人たちであり、この人たちは、全員無罪の判決は、裁判官が大衆運動の圧力に屈したものであると慨歎する。

昭和三六年八月八日の仙台高裁差し戻し審の判決言渡し後、テレビ、ラジオ、新聞雑誌などを通して発表された意見の中には、この第二のグループが割合いに多く、甲乙共に、その意見はかなりハッキリした形で表明されていたように思う。

この第二のグループの裁判不信論には、理由がないわけではない。同じ仙台高裁が、昭和二八年には、一七名有罪、内四名死刑の判決を下したのに、それから八年後の昭和三六年には、全員無罪となったのは、いったいなぜだろう。それよりも、二年前の最高裁判所の判決は、七対五で破棄差し戻しと決ったのだが、もし一人の裁判官が反対論に廻っていたら、六対六となり、差し戻しとはならなかったであろう。原審の判決はそこで確定し、死刑は執行されてしまっていたかも知れない。そういうことは過去にもあったであろう。要するに、裁判官のすることは、客観的に明白な事実に対して、確立した法の規定を適用して、公正で誤りのない刑を言渡すのでなく、裁判官にとって、事実と思われることに、法の正しい解釈と思われるものを適用して、これがその被告人の当然受くべき刑だと思われるものを言渡すのに過ぎない。いわばそれは裁判官にとって主観的な一つの結論である。

この見方によると、政治的なものの見方が判決の中に混入して来ることはあり得ることであり、その外にも、大衆運動の圧力とか、あるいは逆に圧力に対する反感とか、自己のおかれた地位に関する懸念とか、その他先入見、思想、偏見、心理などさまざまな法外的要素が、裁判の過程を動かすことはあり得る、とされるのである。

これらの見方のうち、どれがいったい正しいのであろうか。

2

これらの見方のうち、第二のグループのそれに全く理由がないとはいい切れないようにも思われる。もちろん、具体的なこの事件の判決のうち、高裁の旧判決が政治判決であったとみるか、こんどの新高裁判決が非法的な判決であるとみるかは、この事件に対する論者の政治的その他の非法的な立場によって違うであろう。しかしそういう見方が全く成り立たないと考えるほど、法的な過程が、純粋なもの、理念的なものでないことは、制度自身が示している。例えば、裁判官の回避という制度がこれである。もし裁判官が、事件に偏見をもつおそれが全くなければ、こういう制度は不要だからである。もっとも、裁判官にむやみに回避勧告をしたり、忌避を申立てたりすることが正しい方法であるとはいえないであろう。実際にも、こんどの門田裁判長は、回避勧告の殺到になやまされたらしく、文化人が誰一人として裁判官の側に立ってこれを擁護する勇気を示さなかったことを判決言渡し後の記者会見で強く非難しており、それはたしかにその通りだと思われる。また旧二審判決当時、担当の鈴木裁判長に宛てた石坂書簡というものが問題になった。この書簡がすでに偏見を示しているという見方は正しいとは思われない。しかし裁判官が回避しても、制度の建前からいって、差支えはないことで、そういう制度があればこそ、いやが上にも、裁判の公正が保たれるわけである。

いわばこの問題は楯の両面である。裁判制度は一方でこのように、裁判官の心理や偏見が裁判過程に影響するという事実を認めながら、他方では、制度上の保障と、裁判官自身の自制をつみ重ねることによって、客観的公正な裁判に極限的に近づいているのであり、その意味でそれは、抽象的客観的な法の働きだという面が強いといえるのである。

現に、右の政治裁判説をとる二つの派が、実はそれ自身の主張の中に、裁判のこの面を認めているのが、その証拠である。松川事件の判決でいえば旧二審の有罪判決は政治裁判だという人々の多くは、差し戻し審のこんどの判決は、客観的で公正だというであろうし、こんどの判決が、法外的要素——例えば無罪要求運動——に動かされたものであるという人々は、旧二審は、客観的で公正だというであろう。そうしてまさにそのことが、裁判はひとえに政治裁判だ、という説に対する反証を提供するのである。

ところでもしすべての裁判官が、同じように事実を認定し、同じように法を解釈し、同じ結論を機械的に提示するものであるなら、それは裁判官は、法を宣言する機械であるという客観的司法過程説の根拠にもなるし、あるいは逆に、政治裁判、階級裁判説の根拠にもなったであろう。

しかし実際には、同じ事件の判決はさまざまであるから、裁判過程も裁判官も、決してこのように一義的な性質をもっているのではなく、いわば純粋でないもの間違ったものから、可能なかぎり純粋なもの正しいものへ昇華する過程にあるものだとみるのが正しいと思われるのである。

この昇華を促進し、それを保障する制度には、いろいろのものがある。松川事件の門田裁判長が、このような意味の昇華の過程に細心の注意を払ったように見えることは、この判決の背後にあるものとして注目に価すると思われる。

第一に、裁判長はすべての国民に納得のゆく判決をしたい、といっている。これは証拠の処理、分析、推理の過程が、大勢の人の検証に耐えるものであることを念願する態度として高く評価されなければならない。裁判官や検察官は、往々にして、その職業だけに通用する独特の論理(詭弁)や用語(Jargon)を使うことがあるが、そうであってはならないのである。どういう道具でレールのつぎ目板がはずされたのか、その時間に何某は、自分の家でずっと寝ていたか、というようなことは、証拠の発見に特別の推理を要することは別として、事柄自体は平明な日常的事実である。

判決は、与えられた証拠からこの事実の存否を判断するのに、「経験則によれば」何々である、とくり返し述べている。広津批判がこの「経験則」を根拠にしていることがここで思い出される。この経験則とは何であるか、議論もあるようであり、ことに、この判決の論理が経験則を正しくとらえているかどうかは、判決批評の一つの問題点になるであろうが(検察側の再上告はこの点をつこうというのであろう)、経験則を基準とする以上、一般国民が、自由に自己の経験に照らしてこの判決の検討をすることができなければならないことは当然と思われる。

これと対比的に思い出されるのは、旧二審の判決以来知られている「神のみぞ知る」という心境である。世の中に、神のみぞ知るといわなければならない事柄があることは何びとも否定できない。現に、この事件でも被告人は全員無罪と判決されたにもかかわらず、何びとかがレールの犬釘を抜き、つぎ目板をはずし、そのために列車がてんぷくして、機関士など三人が死んだことは疑いもない事実であるから、どこかに真犯人はいるはずであるが、真相については現在のところ「神のみぞ知る」という外はないものである。誠心誠意自己の職務を忠実に果して、一定の結論に到達したあとで、その正否を神の判断にゆだねようとする裁判官の心境は、尊敬さるべきものでこそあれ、なんらの疑念をも注がれるべきものではないであろう。しかし、結論についてはそのとおりであっても、裁判の過程そのものは人間のすることであるから、他の人ならば、この論理や認定の筋道を同じように辿るだろうかという自己反省あるいは同じ意味での裁判官の自信もまた大切である。

3

この見地からみると、こんどの裁判の全過程には、注目すべき点がいくつかあるといえる。

第一は、検察側の収集した証拠の全部が、法廷に開示されていなかったことである。それが最高裁で、そのうちの重要な一つ、諏訪メモがはじめて提出され、これが原審の認定に対して、最高裁が疑いをいだくにいたった一つの根拠となっている。

現在の刑事裁判手続きはいわゆる当事者主義をとっている。原告の地位にある検察側と相手方である被告人の側とが相対峙して法廷で争い、裁判官は公正な第三者として判断をするのである。それは一種のスポーツの形態をとっており、したがって当事者は自己に有利な証拠を提出することによって、勝利を得ようと最善の努力をする建前なのである。しかし検事は公益の代表者であって、たんに、試合の一方の当事者なのではない。検事にとっては、この勝負に勝って、真の犯罪人が正当な刑罰を受けるようにすることは大切であるが、誤って無実の者が罪せられることがないように、もしその無実を証する証拠が少しでもあるならば、それを正当に使う機会を被告人に与えることは、もっと大切であるといわなければならない。

こんどの差し戻し審で、検察側が、この重要な原則に目ざめて、証拠の顕出開示にあらゆる協力を惜しまなかったことは、裁判長も十分に賞讃しているところで、今後はおそらく、これが慣例となるであろう。

しかし検察側の証拠が、主として自白、それも、共同被告人のうちの一、二の者のそれに全面的に依存していたことは、憲法第三八条の趣旨からいっても疑問がある。こんどの裁判官はこれをどう処理したであろうか。最高裁の判例は従来、共同被告人の自白のみで他の被告人を罰することは差し支えないとしていたから、法解釈論として、これを変えることはない。裁判長のしたことは、この自白そのものの内在的矛盾をつくことであった。こうして「犯行そのものについての証拠が自白だけで、これを裏付ける確証とてなんらないような」この事件の場合に、詳細に自白内容の真実性を、例えば具体的な当日の明暗度まで検証して、一定の時間に人影を識別できたかどうかまで追求しているのは、方法としては正しい。

そうしてみると、裁判批判がここで重要な意味をもつことがわかる。いわゆる裁判批判の中には、有害無益なものもないではない。例えば、判決が無罪あるいは有罪となることだけを——理由のいかんにかかわりなく——要求して、裁判官の自宅に電報をうったり、電話をかけたりするたぐいである。裁判所の附近で大衆行動に訴えたりするのも、この種類に入るであろう。

門田裁判長は、裁判批判は歓迎するといい、しかし多くの批判は批判になっていない、とくに法律問題に関する批判はともかく、事実問題に関するものは、事実認定の根拠となる証拠の分析からはじめたものでない限り、尊重に価しないという趣旨のことを、記者会見で述べた。

これはある意味で正しいけれども、ある意味では、多少誤解を招きやすいところがある。おそらく、その真意は、裁判書の中で示された理由は、その論理を辿っただけではわからないような、裁判官の自由な心証に基づく判断が、その背後にひそんでいるので、軽々に批判しても無益であるというのであろう。

それはたしかにその通りであるが、しかし、裁判官が、個人的な先入観、政治的な圧力、その他、人種的、階級的、宗教的偏見によって動かされたかどうかは別としても、結論が誤っているかどうかは、この表面にあらわれた論理、非論理によって判断するほかはないのであるから、裁判は、この意味で、たえず国民の批判にさらされなければならず、このような批判のみが、裁判を、官僚的な独善から救うことができるのである。

裁判批判の自由の名において、直接間接に暴力を用いることが許されていいはずはない。とくにある特定の判決――例えば無罪とか、有罪とかの判決だけを、ただ要求することは、正しい方法とは思われない。

けれども裁判が、本質的に公正さを失うおそれを絶えず内在させている以上、それが裁判官の自制や、外部からの批判によって、その本来の姿である公正なものに一歩でも近づくように努力することは、裁判官にとっても、国民にとっても、大切な責務である。松川裁判はこの重要な問題を、改めてわれわれに反省させたという点で、無視することのできない意味をもっているといえる。

なおこの判決に対して、検察側は再上告した。最高裁の批判を求めるという点では一応の意味があるが、多少の疑問もないではない。刑事事件では上訴は主として被告人の利益のために認められていると解すべきだからである。もちろん日本は、アメリカで通常行われているような検事上訴を全く認めないという制度を、明示的にはとっていない。けれども憲法第三九条が「又、同一の犯罪について、重ねて刑事上の責任を問われない」と定めているのは、その公定英語文が“nor shall he be placed in double jeopardy”と記述しているところから見て、アメリカ憲法の

「二重危険の禁止」の原則を体現しようとしたものであることは疑いを容れない。そしてそれは審級を尽して刑罰が確定した後は、同じ犯罪について再び訴追されることはないというわが国の通説とは、違ったニュアンスをもっていて、第一審で刑が言渡された後は、被告人は上訴の手続きで争えるけれども、検察側が上訴することは出来ない、あるいは少なくとも望ましくないという精神を基礎にして解釈運用されるべきものと思われる(なおこれについては、鵜飼『憲法』岩波全書、一一六頁以下および一二九頁参照)。この場合検察側が無用に上訴手続きを繰返すことは、憲法第三七条の「迅速な裁判」への要求にも反することになる。最近各地で繰り返される再審開始決定に対して、検察側が、被告人(無罪を叫び続けている人々)の切なる要求にもかかわらず、しきりに正義のためと称して上級裁判所に抗告をしているのは、いたずらに迅速なる裁判を妨げているものとして、憲法の精神に違反するといわなければならないだろう。ただ幸いにして、松川事件は差し戻し審仙台高裁の判決で全員無罪が言渡され、時間はかかったけれども最終的には、再上告審の最高裁で無罪判決が確定した。われわれ国民は、刑法は「犯罪人のためのマグナ・カルタ」であり、疑わしい場合は被告人のためにという憲法の精神を現実に実現するためにとくに裁判官も検察官も努力されることを深く望んでいるのである。

(『世界』一九六一年一二月号　一九八三年三月加筆)

俘虜収容所

一九四一年のはじめ、当時ハーヴァードで勉強していた私は、一通の電報を受取った。それには TAIHEIYO FUU TSUYOKARU BESHI SUGUKAERE CHICHI と書いてあった。やむなく後期の講義は聞かないで、慌ただしく荷造りをし、シアトル発の氷川丸に船室を予約したが、大陸を横断するのに陸路廻り道をして、南部とメキシコを見てから、ゆっくり太平洋岸を北上した。途中ニューオーリーンズで「欲望行の電車」に乗ったら、ホワイトとカラードとに座席が分れていたり、メキシコシティで、インディオがスペイン人の支配と戦う有名なディエゴ・リヴェラの壁画を見たりして、何となく感傷的になっていた。シアトルで船が出帆する時には、波止場は日系人で一杯だった。二月下旬に出帆したこの船が、何でも太平洋を渡る最後の便になるらしいという噂が飛びかっていた。

その頃私は京城の大学に勤務していたが、帰任すると早速、対米戦争の話題の渦に捲きこまれてしまった。四月にロータリークラブの例会に招かれてテーブル・スピーチをし、それが翌月のある雑誌に掲載された。要旨は、アメリカ人は、のんびり暮しているように見えるが、実は学生は夜中の十二時を過ぎるまで図書館で勉強したり、工業技術では次々と改良を加えた新製品を作り出したりしているので、うっかり敵にすると手強いと思う、という旅行者の感想を述べただけである。ところが驚いたことに、この一文のために雑誌が発売禁止処分をうけた。国民の対米恐怖心をあおるおそれがある、というのが理由だった。主任教授の松岡修太郎先生や清宮四郎先生が、早速、総長や学務局長に了解を求めて下さったので、それ以上その時は何のお咎めもなかったが、それから三月ほどたって、昭和一六年七月のはじめ、はっきりいうと七月七日の中日事変記念日に、突然、召集令状が来た。三五歳になって初めての軍隊生活だった。補充兵役がこの年で終るという最後の年に兵隊になったのである。そうしてソ連との国境線へ連れてゆかれて、万一の場合の敵機の侵入を監視するという任務につかされた。近頃松本清張の『遠い接近』を読んで、赤紙というものが、狙い射ちに使われることもあるということは解ったが、誰かの意思だったのか、この小説のようには解らない。ただ友人たちがいろんな噂をしていたことは耳にした。入隊後半年ほどたって太平洋戦争が始まり、やがてシンガポールが陥落すると、そこの英軍部隊から俘虜千人ばかりが朝鮮に連れて来られた。私は講義をする必要があるというので、先生方の口添えで国境勤務から京城の俘虜収容所勤務に転属を命ぜられることになった。戦後は俘虜という文字がなくなって、法文上も捕虜になってしまったので、以下昔のことをいう場合にも、捕虜に改めることにする。

捕虜収容所は、竜山の片倉製糸を接収して設けられたもので、煉瓦造り三階建の倉庫に畳を敷いてストーヴを入れたのが捕虜の居室、われわれ監視兵は運動場の隅に掘立小屋を作って、低い床にアンペラを敷いた部屋に寝起きしていた。

捕虜の部隊長は中佐で子爵だったし、将校は全部オックスフォードかケンブリッジ出身で、ロンドン大学を出た一人と特進の大尉とが例外だっただけである。兵隊は大体炭坑夫出身だった。軍楽隊が大小さまざまな楽器を携行して捕虜になっており、国教会の従軍司祭がいて毎日曜礼拝を行っていた。日本側の収容所長は予備役の野口譲大佐だった。野口所長も先任将校の後藤勇大尉も幹部はすべて、厳格でしかも国際的な理解のある立派な人格者ばかりだった。捕虜は英国人だから、まず四時になると必ずティーを飲む。捕虜待遇条約で、将校は捕獲国のそれと同一の俸給を受けることになっているから、紅茶を買いたいといえば、その要求はいれられることになる。間仕切り用のカーテンがほしいといい、続いて絵具がほしいといった。本がほしいというので丸善で買って来たこともある。しまいには、大学の図書館から借り出して来て貸したこともある。捕虜生活の中で法律の本を読みたがるのはさすがである。

そのうちに食糧がほしいと言い出した。捕虜の食事は、必ずしも十分とは言えなかった。食事上げの当番がバケツにスープやシチューを入れて持って帰って来ると、全将校が円陣を作り、めいめい自分の前にアルミの食器をおいて配給を待っている。当番が柄杓ですくい入れると、隣りのと見較べてジッとにらんでいる。肉が小さいとかスープが少ないとかいって直ぐクレイムがつくのを見ていると、大英帝国の威厳も影が薄くなって、人間的な悲しさばかりが眼に映る。

ある時、従軍司祭がこう言った。「あなたは、捕虜に対する食事の給与は、日本人の食事と較べて決して少なくないというが、そんなことは比較にならない。わが大英帝国の国民はその最も困窮していた時でも、あなた方日本人が最も繁栄した時に食べていた食事より、遥かにいいものを口にしていたので、それを標準に食糧の給与をすべきである。」この論理には納得できなかったが、食事の量が少ないことは事実だし、給与ももらっているので、曹長だった米満さんに、親戚でハムの会社を営んでいる人を紹介してもらって、捕虜のために食料品を調達したりした。

戦後、戦争裁判が始まった時に、捕虜収容所の幹部は所長以下全部起訴された。ある時外務省の箕輪三郎君から、総司令部のメモランダムにお前の名前が載っていた、いずれ逮捕される筈だから覚悟をきめて待っていろ、と冗談めかした、しかし親切な電話がかかった。僕は捕虜に随分感謝されていたから、つかまる筈はないよと笑っていたら、数日後ほんとうに警察官がやって来て、明治生命ビルの何号室に何日の何時に出頭せよという。

当日行ってみると、若いパリパリの法務中尉で京城の捕虜収容所捕虜虐待事件の担当者という検事がいて、自分はハーヴァード・ロー・スクールを出た何々中尉である。お前はこの収容所に勤務していたから、法務将校の有泉茂というのが椅子を振りあげて、脱走兵を殴るのを見たはずである。それをWitness for the prosecutionとして法廷で証言せよ、という。自分は椅子を振り上げるどころか乱暴な行為は見たことがない、と言ったら、お前は嘘つきで教育者として不適格である、直ちに追放処分に付するから左様心得るようにという託宣があったのには、びっくりした。もっともこれは事実問題であるから、立証されなければ犯罪は成り立たないので、収容所の幹部が有罪にされたのには、別の客観的な根拠があった。

一九二九年七月二七日、ジュネーヴで調印された捕虜待遇条約というのがある。前にいった捕虜の将校に対する俸給の支給だとか、食事の定糧などを定めたものである。これは当時会議に出席した日本の代表——その中には陸海軍の代表も当然含まれていた——が署名して帰って来たのであるが、いよいよ批准をする段になって、帝国軍人は絶対に捕虜になることはないから、この条約は、一方的に日本の側で敵国の捕虜を待遇する場合の義務だけを定めたことになり、批准する必要はないという意見が優位を占めて、とうとう批准されないまま放置されていた。

ところが太平洋戦争が始まってみると、真珠湾攻撃部隊の中に瀕死の重傷を負って捕虜になる者が出た。アメリカの国務長官コーデル・ハルは、中立国スイスを通じて、日本帝国外務大臣東郷茂徳に書簡を送り、わが国は貴国の軍人を捕虜とした。これらの者に対して、わが国は一九二九年の捕虜待遇条約を適用するから、貴国もわが国軍人が捕虜になった場合に、同じ条約を適用してもらいたい、と言って来た。外務省は陸海軍省と協議したが、結局この条約をそのまま適用することは戦時下の物資需給の状態からいって、出来ることと出来ないことがあるから、必要ならば事情に応じた修正を加えることを条件に、わが国もこれを適用しようということになって、知恵をしぼった挙句、わが国は mutatis mutandis に、つまり必要なる変更を加えて、条約を適用《アプライ》するという返書を送った。しかしこれは条約を準用するという意味になる。C級戦争裁判での検察側の主張の根拠は、第一に、一九二九年の捕虜待遇条約、第二に、一九四一年のアメリカ国務長官書簡、第三に、これに対する日本帝国外務大臣の返書、そうして最後に日本帝国陸軍大臣の管下捕虜収容所長に対する捕虜待遇の基準に関する通達。この中に、捕虜の食糧の制限が書いてあって、これが条約一一条の指定している「俘虜ノ定糧ハ其ノ量及質ニ於テ補充部隊ノモノト同一タルベシ」に違反しているということが問題になった。補充部隊という訳語の原文には des troupes de dépôt とあるから、捕虜に生活必需品の補給をしている部隊とか、収容所の管理をしている部隊とかいうことで、要するに捕獲国の部隊をいうのである。捕虜収容所長といえども、陸軍大臣の命令よりも、国際条約に従わなければならないことは、今日では常識だが、当時はそんなに明白ではなかった。事によると所長も条約の存在は知らなかったのであろう。

京城の収容所長も、あれほどの人格者であったのに、重労働二七年の実刑に処せられた。もっともこれは後に減刑されたが。他の将校も大体同じである。京城大学医学部出身の軍医が一人、死刑に処せられたのは、私にはショックだった。とてもこんな重刑に処せられるような悪人は、収容所には一人もいなかったと私は今でも信じている。知人で国立オーストラリア大学のシソンズ教授が、死刑に処せられたある日本人将校の無罪を立証する本を今書いている。一日も早く出版してほしいものである。

私は前に言ったように検察側の証人になることは辞退したが、弁護側の証人になって法廷に立った。そのために刑が軽くならなかったのは遺憾であるが、私自身は追放にはならなかった。

国際赤十字から大きな木の梱包がいくつか届いたことがある。送り状には木箱何箱とだけ書いてあった。所長は厳格な人だからそれを開けて、中にあった慰問品を缶詰何千個、編上靴何百足という風に台帳に記入させ、それからは何月何日缶詰何百個捕虜に支給とこれに書き込んでいった。ある時在庫品数の調査をさせたら、記帳残高より足りなかったので、早速事実調査をやって、軍属数名が営倉に投げ込まれるという結末になった。

従軍司祭が所長にこういう請願をしたことがある。イギリスの国教会は、毎日曜礼拝のたびに聖餐式を行う定めである。それには聖餅(ウェファース)と葡萄酒が必要であるから、ぜひ入手方配慮を煩わしたいというのである。

所長の命令で私は早速、京城中心部の岡の上にある聖公会《アングリカン・チャーチ》へ飛んで行って工藤神父に会った。神父さんは、その要請はもっともだから聖餅だけは分けて上げましょう。ただしこれは原料が統制下の主食だから、代りに穀粉がほしいというので、直ぐ朝鮮軍司令部にとって返し、捕虜担当の情報参謀多田督知中佐からメリケン粉二袋をもらって、大きな軍用トラックにちょこんとこれを載せて教会へ届けた。葡萄酒はフランス教会でも分けてもらえず、ツルチュクという朝鮮特産の赤いジュースで我慢してもらった。

野口所長が、条約に規定してある信教の自由の重要さを尊重する精神をもっていたことは疑いない。私は弁護側証人としてその点を強調したが、戦争裁判の判士たちはこの議論よりも、別の条約違反の方を重くみたのであろう。

捕虜たちはクリスマスには大御馳走があり余興もあって、みんなほんとに楽しそうだった。この楽しそうな情景をフィルムに撮った。多田参謀がこれはいい映画だから、英語のキャプションをつけてインドへ持って行こうと、編集をやることになった。とうとう京城大学の英語学の担当教授だった中島文雄さんに頼んでNoel in Seoulという題をつけたしゃれた映画が出来上がった。音楽はさすがに英国の軍楽隊だけあって、素晴らしいものだった。何しろ捕虜の荷物の中に、コントラバスまであるという贅沢な引越だから、はるばるシンガポールから朝鮮までの輸送船の旅も、さすが大英帝国扱いというべきである。もっとも途中、潜水艦と伝染病に悩まされて大変だったらしいが。
しかし考えてみると、いろいろ精神的には捕虜を優遇しているつもりでも、裁判という厳格な判断の舞台に出ると、難かしい問題がいろいろある。国際条約は個人をも拘束するか、条約と上官の命令とが抵触している場合には、どちらに従うのが法律上正しいか、捕虜になるのは権利か、権利だとすればこの権利を行使している降伏兵(例えば、爆弾を全部投下してしまったあとで、パラシュートで降下して来た敵兵)を竹槍で殺すと、どういう罪になるか、専門家は別として、こういうことを学ぼうとしなかった戦前の我々は、まことに無邪気だったという他はない。

(『学士会会報』一九八一年七月)

III

矢内原忠雄先生のことなど

学生時代に矢内原先生の講義に列することができなかったのは、今考えると、たいへん心残りである。しかしそれでも経済学部の研究室へうかがって、植民地の大学へ赴任する心構えみたいなものを聞かせていただいたことがある。大学といっても、今日ではもう象牙の塔であり得ないことを、諄々として説かれる先生の眼は、温容の中でひときわ鋭く、射るような輝きをもっていた。先生の書物は、外地ではしばしば発売禁止になっていたけれども、京城大学のなかで、そのきびしさを身にしみて痛切に感ずることがなかったのは、学問思想への圧迫が、東大や京大のような中心地帯で起っていて、周辺へその波紋が及ぶには時間を要したためでもあろうか。

しかし戦争は周辺で起りつつあった。一九三一年の満州での事件をきっかけに、私は当時重要性をましつつあった新しいコミュニケーション・メディアであるラジオを通して、いろいろなことを耳にした。その年の暮だったと思うが、寒い京城の街角で、犬養首相の就任挨拶を聞いたのが、妙に頭に残っている。三六年の二・二六事件の時には、お隣りの清宮教授の研究室で一生懸命東京からの放送に耳を傾けたけれども、あんまりハッキリしたことはわからなかった。おそらく報道自身が混乱していたためであろう。

その前の年には美濃部先生の告発事件が起っていたし、二・二六の時には先生は暴漢のピストルをうけて、東大病院に入院していられた。そうしてその翌年の秋には、とうとう矢内原先生が東大を去っていかれた。銀杏並木の巨木が一つ倒れるように——というのは、当時大学新聞にのった大内先生の名文であるが、それが感情過多に感じられないくらい、この時の事態はもう逼迫していたものである。

キリスト教の雑誌で『みくに』というのがあって、神の国を、神国日本にいつのまにか入れかえてしまい、美濃部先生攻撃の大論文をのせた。私のできることといったら、この雑誌の購読を取り止めて、新たに矢内原先生が出された『嘉信』の読者となる程度しかなかったが、それでも時の徴しを正しく知りたいという願いは、そこにひめられていたように思う。

ここまで書いて、ふと書棚の片隅にある昭和一二年(一九三七年)の日記帳をひろげてみた。今から考えると、昭和一二年は、たいへんな年であったのだが、日記では恥かしいほど、時の徴しを感じていなかったらしいことがわかる。一月二日のところには、「『麦死なず』読み終はる。『紋章』を読みはじむ」とあり、一月四日には「ラジオで江戸川蘭子の『その前夜』を聞く」、一月九日には「ダンテ、モナルヒア——人はその言葉によって知るべく、その行ひによつて知ることはできない——丁度声はヤコブの声であつても、手はエサウの手であるにより、父イサクがあざむかれた様には」などとある。しかし実際には、この時には、言葉と行いとが分ちがたいものであることが重要な問題だったのである。六月一七日のところに、河上博士の「巌清水あるかなきかに世を経むとよみ出し人のいのちしのばゆ」という歌の新聞切り抜きがはってありながら、この年の秋のどこにも「冬枯の多摩の川原に居つくして入日見つむる我身となれり」という矢内原先生の一首がのっていないのは、私の怠慢のためかもしれないが。

戦後、私は内地に帰還し、東大に新しく設けられた社会科学研究所に勤務することになって、初代所長としての矢内原先生に最も近く接することになった。この研究所は、戦時中の日本が重要視していた軍事研究に代って、平和の社会科学的基礎を研究するという当時の総長南原先生の構想により、航空研究所を廃止して、その講座の一部を転換してできたものだから、矢内原先生が初代所長に就任するのは、最も適切なことだったのである。

ただ先生は、戦争前にマルクス主義者と思われていたのが全くの誤解であったとおり、純粋のキリスト教民主主義者であったから、所員の中でも共産主義にかなり近い山之内一郎さんなどと、しばしば激論をかわされるのは、聞いていて何となくほほえましかった。

戦後の思い出で一番記憶に残っているのは、昭和二四年(一九四九年)のアメリカ人文科学顧問団の来訪である。この時の顧問団はライシャワー博士を含む五人の学者で、日本側の学問方法論に立入って、かなり突込んだ議論がかわされたし、その時発表されたリポートは、大学の本質、学問自由の意義、とくに日本における大学のあり方への示唆といったような点で、今日なお教えるところの多いものである(Report of the United States Cultural Science Mission to Japan 昭和二四年七月 文部省大学学術局刊)。

しかし私がここで述べたいと思うのは、顧問団を中心にして開かれた日本の人文・社会科学関係の学者との懇談会の席上でのちょっとした事件のことである。

場所はたしか虎の門の霞山会館の中にある講堂だったと思う。日本の学者が、アメリカの歴史学が記述的であるのに対して、日本の歴史学は理論的である、というふうなことをいった。その時ライシャワー博士が、そんなことをいうけれど、日本の歴史家は、いまだかつて一番肝心な、歴史の最後の章(近未来の予測)を書いたことがないではないか、と論法鋭く切り込んで来たのには、目の覚める思いがした。

これに刺戟されたためでもあろうか、議論がにわかに活発になった。慶応大学の当時塾長をしていられた潮田博士が立ち上って、東京大学の戦争責任を追及する演説をされた。これは関係者には耳の痛い話で、考えてみれば、戦争中の日本の指導者の中には、軍部は別として、東大で勉強した者が圧倒的に多いのは事実であるから、それの教育上の責任というものが、実際にあるかどうかは別として、問題になるのは当然といわなければならないであろう。

しかしその時、矢内原先生がすっくと立上って、お説は一応ごもっともであるが、しからば、あなたの方には、軍部の手で大学を追われた先生が何人おられますか、といわれたのには、列席者一同、心の底を一陣の冷たい風が吹きすぎたような痛烈な思いをしたのであった。実際をいうと、あなたの学校も、私の学校もないので、矢内原先生のように自分の信仰を毅然として貫いた第一流の人物を除いて、お互いに多かれ少かれ、軍部との有形無形の妥協を続けて来たのであるから、真正面から先生にこういわれると、それが自己の体験に根ざしたことばだけに、一分の嘘も虚飾もない、真実性のもつ強さに、頭を下げる外はないのであった。

私は戦争初期に、補充兵として、空っ風の吹きすさぶ日ソ国境地帯の警備に召集されていた。アメリカなどへ勉強にいって、国難を忘れたようなことを言ったり、書いたりするから、こんなところへ狩り出されたのだと同僚たちがいったとか風の便りに聞いて、私は少々心細い気持がしたこともあったが、あとで考えると、矢内原先生のようなたくましさは容易なことでは自分のものとすることのできないものであることがよく解った。

先生はそのうちに社研所長をやめて、経済学部長になり、さらに教養学部長として、大いに苦労された。学生ストに人一倍悩まされながら、大学の真の自治のために戦っていられた当時の先生は、みるからに苦悩の人の姿であった。

総長になられてからも、ずい分いろいろな会議でお会いしたし、時々、車に乗せて頂いて、腹蔵のないお話を聞いたりした。とてもうれしそうに高笑いされるが、一寸こわいところのある先生だった。

今の仕事――国際基督教大学学長――を引き受ける前に、自由が丘のお宅へ相談にうかがったら、大事な仕事だから思い切って引き受けなさい、その代り勉強ができなくなることは、覚悟しなければいけないよ、といって、気の毒に耐えないねえというような眼をされた。

先生は、ＩＣＵの創立式典で来賓として演説された。この演説は、内村鑑三の有名な墓碑銘を引いた格調の高い名演説だったが、その結びに、この大学はアメリカ人でも、日本人でもないような国籍不明の人物を養成してはいけない。国際的な理解はあるが、魂は日本人であったり、アメリカ人であったり、その他何々国の人間であったりしなければ、ほんとうの人物とはなれない、といういかにも明治人らしいナショナリズムを述べられたのは、感銘深かった。私は日本のことを論ずるのに、アメリカ人だったり、ソ連人だったり、フランス人だったりする人は好きになれないが、できれば、国籍を離れた真のコスモポリタンの方が望ましいという考え方に傾いている。しかし、先生の口から聞くと、そのナショナリズムが、尊皇攘夷論のように本心は開国の方へ向っていることが感じられてならないのである。

（『図書』一九六三年三月号）

宮沢俊義先生の人と思想

九月四日の夕方、田中二郎教授から、御入院中の宮沢先生が容態が急変して亡くなられたという電話を受けた時、涙にあふれた私の胸の中には人間の生と死に関する問題が湧きおこって止めようがなかった。旧約聖書冒頭の創世記に、エデンの園でアダムとエバが禁を守って喰べようとはしなかった樹の実の話が出てくる。それは人間が永遠に生きることのできる樹の実である。禁を破って喰べてしまったのは、善と悪とを知ることができる樹の実であるから、法律やその他の規範の発生はこの原罪によるのである。キリスト教は聖書の冒頭にこの問題を出し、人間の不思議な予盾的統一の実体から、生き方の究明に焦点を合わせようとしている。

宮沢先生が病床で洗礼を受けられたことを聞いて、私はゆくりなくも、先生がケルゼンについて書かれた次のような一節を思いおこさないではいられなかった（鵜飼・長尾龍一編『ハンス・ケルゼン』東京大学出版会、一七九頁）。そこにはこうある。

「ケルゼン自身の頭は、その永い一生の終りに、何を考えていたろうか。死ぬときまで、その反主流の道（ソフィストの道）こそ真の主流であるとの自信をもって、それを歩みつづけたであろうか。それとも、ついにソフィストの道に満足することができず、プラトンの辿った道宗教の道——へよろめき入るようなことはなかっただろうか。それを、わたしは、知りたい。」

これはケルゼンに対して投げかけられた疑問であるが、先生自身は、自ら病床でキリスト教の洗礼を受けるという形で、この同じ問題に答えられたのではなかろうか。私はそれに感動する。

先生の思想の根本は相対主義である。何が正義であるかは、自分にとっての正義であり、あなたにとっては、あなたの正義があっていい。しかしその二つの正義が同一のものであるためには、それを媒介するものが必要なのではないか。

ケルゼンは、この媒介するものを多数決の原理に見出した。もし多数が認めて正義とするものがあるならば、それはたしかに実証的意義の正義である。しかし一切の価値が、多数決によって定まるのではない。第一に、科学的真理は多数決になじまない。たとえ百万人が太陽が地球の廻りを廻っているのだと信じていても、ただ一人ガリレオが地球の方が動いていると信じている場合に、この後者が真理であることもある。キリストはユダヤの民衆の多数決で十字架につけられた。民衆はキリストよりも、強盗バラバを許す方に投票した。キリストの教えた宗教的真理もまた多数決には適しない。

先生は宗教を自分自身の個人的確信に基づいて選択した。しかし政治と法律については、その七〇年の生涯を通じて民主主義——すなわち多数決こそ真理と正義に導く途であるという確信を捨てなかった。超国家主義的な軍国主義の攻撃にさらされながら「独裁制理論の民主的扮装」について『中央公論』に一文を載せ、五・一五事件を糾弾したのは、昭和九年のことであるから、先生の相対主義、民主主義も、まさに戦う民主主義であった。

戦後憲法の制定に当っても、第九〇帝国議会の貴族院議員として、五〇歳に満たない先生が、孤軍奮闘の論戦をいどみ、江湖をわかせたのは先生の民主主義がほんものであったことを証明している。

しかしさらにこれと不可分のものとして、自由の原理があることを先生は強く信じていられた。先生のいつも微笑をたたえた温顔が、決して皮肉の一滴も含まない、完全に他人を尊重し、他人の思想言論の自由を認める精神から出たものであることは、先生に一度でも会った人の誰でも痛感するところである。それが先生の教えを受けた多数の学究たちの、自由な研究の原動力であり、支えであった。

ツルゲーネフの散文詩の中に、こんな言葉がある。——素適だね！　あんな笑い方をするのは、ほかの者よりすぐれていながら、自分ではそれを知らないでいる人間だけだよ——。私は先生が、自分のすぐれた才能に全く気付かないような人物だったとは決して思わない。先生は自他共に許すわが国憲法学界の大御所であった。しかし先生の笑いは、決していわゆる大御所の笑いではない。

それは自由と寛容が、学問発達の場として最も大切であることを意識して、すべての学者、すべての学説を、あたたかく包み、はぐくみ、それらの自由で開放された場でのいい意味での競争を通じて、はじめて人間の生きる舞台を設定しようという賢者のおもいやりであったのである。

（『週刊読書人』一九七六年九月二七日号）

田中二郎教授を偲んで

——かけがえのない友を失う——

1

昭和四年、五年の頃に大学を出て、同じ憲法行政法の研究に従事している友人が七人ある。田中二郎、林田和博、俵静夫、原龍之助、柳瀬良幹、田上穣治、それに私である。戦前は全国的な学会などなかったので、私たちだけで時々集まっては、京都や仙台や鎌倉などで会合を開いていた。田中さんはそのグループの発起人でもあり、リーダーでもあった。戦前戦後を通じて同じ仲間の交遊が半世紀も続いているのは珍しい。しかし今その一角にポッカリ穴があいてしまった。

あれはいつのことだったか、秋晴れの美しい一日、修学院離宮を訪れたことがある。池のほとりを上ってかみの茶屋から降りて来たら、ひょっこり鈴木茂三郎(元社会党委員長)さんに出くわした。しばらく立話をする。「私はこういう古い日本のものを見るのが好きでしてね」と鈴木さん。「いや、私も古いものは好きですが、現実の日本にも貴方に劣らず関心がありますよ」と田中さんも負けずに答える。学界では伝統派の一人に数えられている田中さんが、驚くほど現代的な感覚をもっているのに私はびっくりした。

ずっとあとで、お互いに病気をして半ば引退したような形になり、読書のことなどばかり口にするようになった時、「鵜飼君、寒村自伝を読んだ？　とても感動的だね」といわれてはっと思った。荒畑寒村などは、とても田中さんの心に止まりそうもない野人であるのが不思議だったけれども、ほんとはそう不思議ではないのかも知れない。

現代は国内的には一応平穏で、若い人たちは押しなべて平和の世界に安住しているけれども、国際的にはカタストロフィがいつ起るかも知れぬ状態にあり、世界中の政権は法律的にも政治的にも複雑な問題に当面している。二〇世紀前半の世界の変動は、今となっては当時の若者たちの夢をかなえてくれたものは何もなかったが、彼らは今七〇の坂を越えて、依然として若い日の夢だけは、ひそかに胸の底に抱き続けているのである。

田中さんの最後の楽しみは、昨年の暮、一家揃って第九を一緒に聴きに行こうと、一二月二一日のチャリティ・コンサートの切符を買い求めたことである。一二月の半ばになってもどうしても行くといって聞かなかったそうである。その人が、明けて一月の初めには、危篤に陥ってしまっていたのが悲しい。

評論家の中には、第九が現代日本の全体主義の温床であるかのようにいう人がある。大勢順応主義に批判的である点は面白いが、私はむしろ猫も杓子もシャンソンやカンツォーネとなれば、それこそ放縦な個人主義の象徴で、それが伝統主義の基盤を作ることになりそうな気がする。ベートーヴェンは、一八世紀から一九世紀へかけての歴史的転換過程にあらわれた音楽史上最大の作曲家、音楽におけるミケランジェロだったのではなかろうか。そうして彼の最後の交響曲こそ、傑作中の傑作であることは疑いをいれない。もっとも私のこの見方には昔旧制高校時代に読んだロマン・ローランの影響が多分に反映しているのだが。そうして田中二郎さんは、極端にいえば、日本行政法学史上のベートーヴェンである。そこには実にしっかりした骨組のソナタ形式があり、美しいいくつものテーマが唱われ、深遠なポリフォニーが響きわたっている。

2

「一九四九年―学界の回顧と展望」という鼎談がある(『法律時報』昭和二五年一二月号)。田中二郎、辻清明、鵜飼信成の三人が、それぞれの立場から気焔をあげている。その中で辻さんが、「日本の過去の行政法学が非常に実証主義的解釈法学だった」ことを指摘し、「結果からみれば、その解釈をしている学者――(例えば美濃部博士)――の主観的意図は別であっても、客観的には官僚に非常に都合のよい法律解釈しか生れて来なかった」と主張した。これに対して田中さんが、日本の公法学が実証主義的だったことは事実として認めながら言葉をついで、「辻君が『社会科学入門』の中に、たとえば警察検束の問題を取り上げて、現にたらい廻しが脱法行為として行われている。それを行政法学者がこれを合法的なものとして弁護しているかのように書いておられるのですが、およそ行政法学者でこれを合法的なものとして弁護した人はないだろうと思うのです。またその他の例についても、違憲は違憲とし、違法は違法として判断して行くという点においては、決して時の政治勢力に仕えるとか、あるいはそれに侍女としての態度をとるということはなかっただろうと思うのです」といっている。私もまた驥尾に付してこう反論した。「例えば美濃部先生は、東大の正門内で学生が警察官に検束された時、帝大新聞に警察検束の限界という論文を書いてこういっていられる。『いわゆるたらい廻しができるという説をなす者があるけれども、そういう解釈が許すべからざることは法律の精神からみてさらに疑いを容れぬ。』これは明白に解釈的にたらい廻しは違法であるということをはっきり主張されたものだと思うのです」と。（たらい廻しというのは、旧憲法下の行政執行法一条では、「検束ハ翌日ノ日没後ニ至ルコトヲ得ス」とあったのに、当局は警察署を変えて、あるいはそういう形をとって、次から次へと何か月でも検束を続けたことをいう。）

解釈論としての田中学説というのは、現存実定法の意味を限界ぎりぎりまで追求して当面の事件の最も合理的な解決を図ろうとすることを目的としていた。東大法学部長としても大学の当面する難問解決にこの技術はすぐれた効果を発揮した。例えば昭和三四年の葉山事件がその一例である。葉山君は全学連のリーダーとして活発に活動し、ついに公安条例違反で裁判官から逮捕令状が出されるに至った。しかし本人は学内のどこかに潜伏してしまい、当局の必死の追及にも、その行方は杳としてつかめぬままであった。警察は本人が出頭しなければ五〇〇人の機動隊員を動員して学内を捜索するといって譲らなかった。

この時、田中法学部長は茅総長と共に警視総監を訪ねて次のような解決案を提示した。大学は、本人が法学部学生らしく自首をし、闘争は裁判手続を通して行うよう説得する。その代り警察は構内に立ち入って捜索したりしない。

田中さんはこの提案をもって、デモ予定日の朝午前三時、ようやく葉山君と構内のどこかで会い、二人でじっくり話し合うことが出来たという(『法学教室』一九八一年九月号「田中二郎先生に聞く」六六頁)。どう話し合いがついたのか、当日葉山君は学生デモの先頭に立って堂々と正門を出、本郷通りをデモ行進し、赤門前から本郷三丁目に差しかかったところで、本富士署長が逮捕状を読み上げて本人を逮捕した(私の伝聞をもとに書いているので、細部に間違いがあるかも知れない)。

いずれにしてもこれは大変に妙味のある解決案である。大学は構内に警察の大部隊が立ち入り、教官や一般学生との間にいざこざが起るのを防ぐことができる。警察は、構内に立入りはしたものの、本人が見当たらないため逮捕状が執行されないという失態を避け、立派に実績をあげることができる。そうして学生たちは、指導者がデモ隊の先頭で行進中に逮捕されるという極めて劇的な演出でデモの効果を高めることができる。

実証法を解釈して誤りはなく、しかも関係者のどの一人も違法に傷つき、あるいは不法に自己主張をすることなく、法の合理的な目的を達成するような処置は、単純な機械的法実証主義者のよくするところではない。こういう法的に緻密で、真剣でありながら、しかもユーモアのある解決策は、聞いてみればそれだけのものであるが、関係者が興奮し、雑音が鳴り響き、政治と価値観が紛糾している時期に、これだけ冷静に問題処理方式を案出し、それが関係者すべてに受け入れられて、実際に問題が解決したのをみると、この方式立案のすぐれた才智と実行力に感嘆の声をはなたざるを得ない。もちろんそれが実行されたのには茅総長や警視総監はもちろん法学部の教授学生とくに学生運動幹部の理解と協力が必要であったことはいうまでもないが。

3

最高裁判所判事としての田中さんの仕事はいくつかの優れた意見に示されている。本人もこれらの意見には自信をもっていたらしく、しばしば自分の意見を一冊にまとめて公刊したいという意向をもらしていた。それに出来れば最高裁での判決作成にいたる過程についても書いてみたいという気持であった。

しかしこれには難しい問題がある。いうまでもなく、裁判過程の公開の部分と秘密の部分との区分の問題である。裁判、とくに刑事裁判が、原則として公開でなければならないことは、憲法三七条に保障されているところであるが、裁判の評議は「公行しない」し、「評議の経過並びに各裁判官の意見及びその多少の数については、この法律に特別の定がない限り、秘密を守らなければならない」(裁判所法七五条)。ただ最高裁判所については「裁判書には、各裁判官の意見を表示しなければならない」となっているので(同法一一条)、この場合判決文に表示される各裁判官の意見を除き最高裁判所の評議が、どの程度まで公表されていいのかは、必ずしも明瞭ではない。

アメリカの最高裁でも、この問題は簡単ではなかった。かつてメーソン教授がストーン最高裁長官の伝記を書いた時、その内容にストーン自身の評議の際のメモが使われているというので問題になったことがある。ウッドワード、アームストロングの最高裁の内幕を書いた『ブレザレン』にいたっては、かなり激しい批判があった。しかしダグラス判事は"The Court Years : 1939—1975"(1980)という自伝を書いている。J・F・サイモンの"Independent Journey"(1980)というダグラスの伝記も面白い。裁判官としての田中さんの自伝が出来なかったのは残念である(最近出た遺著『日本の司法と行政』(有斐閣)に自伝の一章が収められている)。

判決の中にあらわれた田中判事の意見はどれも重要であるが、私は記憶すべきものとして三つをあげておきたい。第一は、公務員等の労働基本権に関する大法廷判決(いわゆる全逓東京中郵事件、昭和四一年一〇月二六日)で、田中さんはここでは勤労者の争議行為は、正当な限界を超えない限り、憲法の保障する権利の行使にほかならず、労組法の定める民事免責、刑事免責は当然のことを注意的に規定したと解すべきである、という多数意見を形成する指導的な立場にたった。公労法が争議行為を禁止しながら、違反した場合の刑罰規定を設けていないのは、この原則を生かしたもので、正当な争議活動は刑事罰から解放されているとするのである。しかしこの意見は後に少数意見になった。

第二は、わいせつ文書に関する大法廷判決(昭和四四年一〇月一五日)の少数意見で、田中さんは「表現の自由は絶対的な自由とも称しうべきものであり、公共の福祉の名目のもとに、立法政策的ないし行政政策的見地から制約することは許されない」とした。

第三は、尊属殺事件の大法廷判決(昭和四八年四月四日)で、ここでは、法定の刑罰が死刑または無期懲役刑に限られているのは、合理的根拠に基づく差別的取扱いとして正当化することはできないという理由から、尊属殺の規定は違憲であるとした多数意見と違って、田中さんは尊属殺の規定を設けること自体が憲法一四条一項に反し違憲であるとした。

私は田中さんの鋭意作り上げたこれらの少数意見がいずれの日にか多数意見としてよみがえる

日を期待していたのであるが、今やその中心的指導者を失ってしまったことは惜しんでも余りあるところである。

4

田中さんが虎の門病院で胆石の手術を受けたのは一昨年(昭和五五年)九月一二日である。奥さんからその日の午後電話があって、一時間位でうまく済みましたということで一安心した。二〇日に病院を訪問したら、顔色も大変よく、一〇月はじめの名古屋の学会へは一緒に行こうと約束、二四日には退院と、とんとん拍子であった。しかし一〇月七日になって出席はできなくなった。切符はこちらで取り消しますからとお嬢さんの祥子さん(塩野教授夫人)がわざわざ指定券を受け取りに来られた。一〇月九日の私の日記には「田中二郎さん、医者の診断ではすっかりいいが、元気が出ないという」とある。一〇日の晩には名鉄ホテルで七人の会が開かれたが欠席者も多く、みんなでお互いの健康を心配し合ったりして何となく意気が上らなかった。翌日名大で開かれた日本公法学会では、理事長選出に先立って、田中さんは手術後であるため理事長を辞したいといっていられる旨私から発言し、佐藤功君が多数を得て後任理事長に当選した。私はその晩帰京し、早速経過を電話しておいた。

一〇月二四日、田中さんの文化功労者受賞が発表された。最近の公法学界では、宮沢さんに次いで二人目である。その後お祝いの会や何かで忙しいらしかったが、一二月二日に突然軽井沢から絵ハガキをもらった。冬の軽井沢も趣があるらしい。私のように心臓を痛めている者には無理だが、田中さんが元気になられたのはおめでたい。一二月一三日の公法学会理事会には、私は遅刻早退してしまったが、田中さんは元気で、新理事長を側面から助けて、次回総会のテーマ作成に、例によってすばらしい組織力を発揮していられた。

昭和五六年は田中さんの一番活躍された年であったように思われる。一月一四日には、たまたま来日中のゲルホーン教授夫妻を鵠沼のお宅に招いて一日清談の機会をもった。雄川一郎君と河中一学君がお伴した。この時のことをゲルホーンさんは後で感銘深く思い出して、日本の学者の生活の真髄に触れたような思いがするといっている。*

日本学士院では部会や総会はもちろん各種の委員会で活躍し、海外派遣は他の会員を推薦して自分は辞退していたが、国内の調査に出かけては思いがけず長崎などからハガキを送ってよこす。内閣法制局顧問会議や地方行政研究会に相変らず出席した外、有斐閣などの出版計画の知恵袋でもあった。NHKの会議も少なくなかった。

それが一二月二四日に突然入院された。その数日前、ちょうど大阪空港事件最高裁判決のあった一二月一六日の午後、私は文学座のマチネーで「三人姉妹」を観に行った。その最後の幕で松下砂稚子のオリーガの眼に涙が一しずく流れ落ちるのをオペラグラスの中にはっきり認めて私は感激した。戦後早々の頃、田中さんを誘って法学部二五番教室へ園田高弘を聞きに行ったことを思い出す。芸術家も学者も自分の仕事に打ち込んでいる時は真剣である。私は学者の真剣さを田中さんとの交遊で学んだ。一月一〇日虎の門病院へお見舞に行った時は、田中さんは口を一文字に結んで無心で病魔と闘っていた。一七日に鵠沼へ伺った時は、利休のような悟り切った顔で平和な永久の眠をねむっていられた。惜しい友をまた一人失った。今はただ静かに御冥福を祈るのみである。

（『法学教室』一九号 一九八二年四月）

* ゲルホーン教授は、この時田中さんの蔵書を収納してある立派な書庫に案内された。これが後に田中家の好意によってコロンビア大学に寄贈され、Tanaka Library となった。

あとがき

近代諸国の憲法は、少なくとも文字の上では「法律による裁判」という原則を保障している。日本国憲法でいえば、三一条や七六条三項がこれである。旧明治憲法の五七条一項も、基本的にはこの原則を保障するものだった。

これをごく簡単な、抽象的な象徴の形で示したのが、正義の女神ユスティチアである。ユスティチアは、「天地は崩るるとも、正義は行われざるべからず」という強い決意をもって、右手には法という長い剣を頭上高く振りかざし、左手には秤を持って、原告と被告の両者が、この正義の秤に載せる証拠の重みで、秤がどちらに傾くかを、じっと待っている。秤が傾いた方の見極めがつけば、正義の剣を振り下して審判を下し、悪人が罰せられ、義務者が義務を果すようにする。ユスティチアは、この公正な審判をするため、普通、目かくしをしている。「裁判官は、その良心に従い独立してその職権を行い、この憲法及び法律にのみ拘束される」(日本国憲法七六条三項)とされているから、雑音、雑論、雑言に気をとられてはいけない、という戒めの象徴なのである。

本書で私が取りあげたさまざまの問題は、一口にいうと、実はこの「目かくし」が、無用であるばかりでなく、有害でもあるということを、いろいろな具体例を通して議論したものといってもいい。無論、裁判官は目かくしをとったからといって、あらゆる雑論、雑説、雑音に耳を藉す必要は全くない。しかし秤の上に載せられるさまざまの証拠を、十分な検討もなしに、ただ抽象的な目方だけで評価して、それで公正な裁判の目的が達せられるというものではないのである。

ではどのようにして裁判官の価値判断の基準は作り出されてゆくのであろうか。憲法のいわゆる良心に従い、独立して、ただ憲法と法律だけに拘束されて、裁判を行うという要請にこたえる途は、困難ではあるが、当事者と証拠と法律とをはっきり見つめて、初めて発見されるものなのである。

実は私は、ユスティチアという女神は、みんな目かくしをしているものだと思っていた。しかし最近ドイツ留学から帰った若い友人から、フランクフルトの街の広場に立っているユスティチアの像の写真を見せられてハッと思った。このユスティチアは目かくしなどはしていない。それで穂積陳重先生の『法窓夜話』の巻頭に「正義神」の写真があったのを思い出して開いてみたら、驚いたことに、このユスティチアも、大きな眼を見開いていて、目かくしなどは全くしていないのである。さすがに陳重先生は、明治時代の法社会学派の先駆者であるということを今更のように痛感した。陳重先生の令息重遠先生から、私は昭和の初めの三年間、民法の名講義を拝聴して、深い感銘を受け、また特別に可愛がって頂いた。先生は後に最高裁判所の裁判官となり、有名な尊属殺事件では、真野判事と並んで、一五名の裁判官中、たった二人だけ、この規定の違憲性を主張する少数意見を書かれた。今日、この意見が多数意見となり、尊属殺の規定は、最高裁判所によって違憲無効と判決されたにもかかわらず、国会は依然として、この規定に手を触れようとせず、刑法の条文の中に、時代錯誤の古顔をさらしているのは悲しい。

裁判官は両眼をはっきり見開いて、さて何を見出し、どういう価値判断をするか。この小著『法と裁判をささえる精神』が、それへの一つの小道を開くことが出来れば、筆者にとって望外の幸せである。

終りに本書に集められた文章の大部分は、私が過去何年もの間いろいろなところに書き散らした雑文の中から、岩波書店の高林良治氏が拾い集めてまとめてくれたものである。高林氏に心から感謝の意を表したい。同時に文章の内容にいろいろな形で影響を与え、励まし、助力して下さった、先輩同僚の諸先生、とくに海外のすぐれた学者たちに心から御礼を申し上げたい。

一九八三年六月一〇日

鵜飼信成

■岩波オンデマンドブックス■

法と裁判をささえる精神

1983年11月11日　第1刷発行
2016年2月10日　オンデマンド版発行

著　者　鵜飼信成《うかいのぶしげ》

発行者　岡本　厚

発行所　株式会社　岩波書店
〒101-8002　東京都千代田区一ツ橋2-5-5
電話案内　03-5210-4000
http://www.iwanami.co.jp/

印刷／製本・法令印刷

ISBN 978-4-00-730379-1　　Printed in Japan